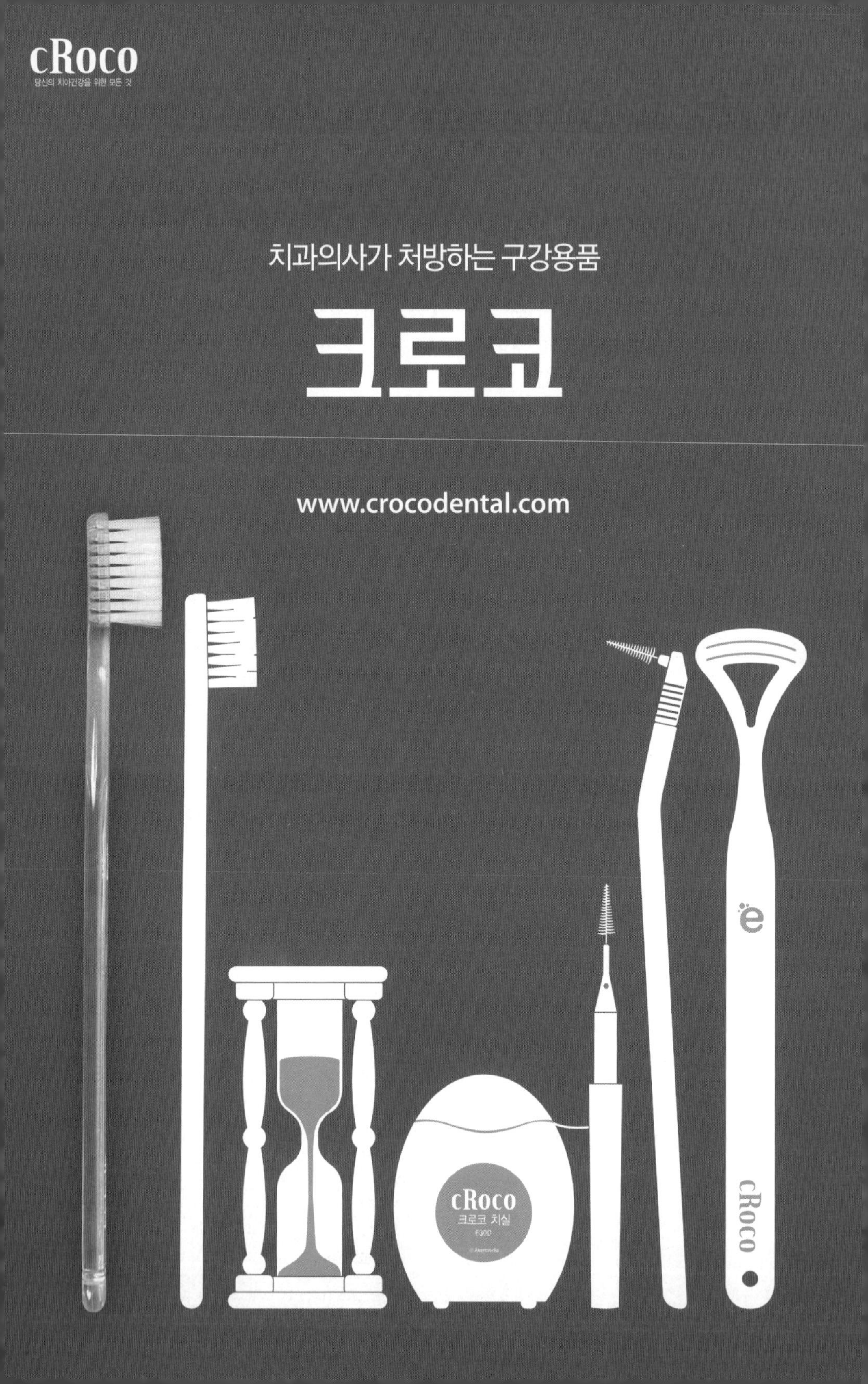
cRoco
당신의 치아건강을 위한 모든 것
치과의사가 처방하는 구강용품
크로코
www.crocodental.com
cRoco
크로코 치실
cRoco

# 덴트포토
# 스토리

Dentphoto **STORY** Vol.01 글쓰기

[덴탈채널]
덴트포토

| 차례 |

## 01 스토리 · 글쓰기



## 02 북카페

## 03 마이 스토리

창조적 글쓰기
유혹하는 글쓰기
스티븐 킹의 창작론
김영사
간단하고 쉽게
글 잘 쓰는 전략
글쓰기 훈련소
how to be a
WRITER
하버드 글쓰기 강의
30년 경력 명강사가 말하는 소통의 비밀
글쓰기, 누구나 잘할 수 있다!!
문장기술
글쓰기의 공중부양
이외수

# 스토리 글쓰기

글쓰기는 작가나 기자가 아니어도 누구나 필요한 능력이다. 인공위성이 하늘에 떠 있는 현대에도 글쓰기 능력은 중요하다. 전문가로서 대중에게 정보를 전달하고 소통할 필요성이 있다면 더욱 그렇다.

글 잘 쓰는 비법은 많이 쓰는 것이라고 한다. 계속 쓰다보면 그 무언가를 만날 수 있다. 끊임없이 수정하고 점검하면서 글쓰기를 계속해가야 한다. 많이 읽는 것도 좋다. 글쓰기는 사색의 과정이다.

치료하고 돌보며 위로하는 치과의사, 우리는 글쓰기의 힘이 필요하다. 자신의 생각과 감정을 토로하면서 치유력을 맛보자.

01

# 치과의사의 인문학

풀바람 (필명)

나는 행복한 치과의사인가? 어떤 치과의사가 행복한 치과의사인가? 치과 일이 고달플 때 가끔 되묻게 됩니다. 대학에 입학하기 전까지 치과의사의 행복에 대해서는 고민하지 않았던 것 같습니다. 학생일 때는 나중에 돈을 많이 벌어서 애써서 키워주신 부모님과 가족을 호강시키고, 장기려 선생님처럼 좋은 일 하면서 칭송도 받을 것으로 생각했던 것 같습니다. 당신들의 천국, 성채, 닥터노먼베쑨의 주인공처럼 환자를 위해 사회 구조와 관행과 싸우는 양심과 실력을 겸비한 치과의사의 모습도 그렸던 것 같습니다.

기대가 컸던 탓인지 잘 몰랐던 것인지 그 때의 당당한 포부에 비하면 지금의 모습은 초라하기 그지없습니다. 부, 존경, 명예, 자부심은 온데간데없고 때로는 돈 걱정, 건강 걱정에 무능한 스스로가 한심하게 느껴지기도 합니다. 사람 마음이 간사해서 어려움에 빠져야 행복에 대해 진지하게 고민하나 봅니다. 학생 때는 막연히 병을 잘 진단하고 잘 치료하면 좋은 치과의사가 되리라 생각했습니다. 개원하고 나서야 직원 관리, 환자 상담, 거래처 관리와 같은 경영적 요소 역시 중요하고 시행착오를 거치면서 저에게 맞는 방식을 찾았던 것 같습니다. 그런데 돌이켜보면 개원 초에 가장 힘들었던 것은 직원과 환자와의 관계 문제였던 것 같습니다. 가족, 직원, 환자에게서 진심 어린 위로와 칭찬을 받고 나서야 자신감을 회복할 수 있었습니다. 사람과의 관계, 그중에서도 오래 만나야 하는 환자와의 관계가 치과의사로서 행복할 수 있는 열쇠가 아닌가 합니다.

치과 경영을 가르치는 분들도 환자를 능동적 소비자로 바라보고 눈높이를 맞추는 노력을 많이 강조합니다. 요즘 치위생과에서는 대학 외부의 코디네이터 과정을 이수시키기도 하는 것 같습니다. 소비자로서의 환자의 힘이 강해진 현실을 반영한 것입니다. 경영에 관한 책을 보고 강의를 듣지 않더라도 경영 압박에 시달리다 보면 원장들은 대개 환자를 대하는 자신과 직원들에게 무슨 문제가 있지 않나 생각하게 되고 고쳐보려고 시도하게 됩니다. 친절을 강조하기도 하고 마케팅에 비용을 지출하고, 원장과 직원이 상담 기법을 배우기도 합니다. 경력이 제법 쌓이면 환자의 표정과 말투만으로도 속마음을 알아채는 내공도 생깁니다.

그런데 이것이 행복한 관계일까요? 치과의사와 환자와 좋은 관계, 행복한 관계를 꿈꾸는 것은 영화나 책에서나 나오는 일이고, 현재의 제도와 환자들의 인식에서는 불가능한 일일까요? 그렇습니다. 모든 환자와 그리 지내는 것은 불가능하다고 생각합니다. 그렇다고 포기할 수는 없는 일이기도 합니다. 제도와 인식을 바꾸기는 무척 어렵습니다. 그러나 우리가 환자를 대하는 관점을 조금은 바꿀 수 있겠지요.

학생 때 만나게 되는 환자들은 치과대학병원까지 찾아와 비싼 치료비용과 대기의 불편함을 감수할 정도로 기대치가 높아 까다롭습니다. 그러나 치과의사의 지시를 잘 따릅니다. 따라서 치과대학에서는 대개 치과의사가 능동적으로 환자에게 선행을 베푸는 온정주의적인 관계를 보고 배웁니다. 반면 개원가로 나오게 되면 공급자와 소비자의 관계로 바뀌게 됩니다. 환자는 스스로를 고객으로 여기고 낮은 비용과 높은 진료의 질이라는 모순된 요구를 당연시합니다. 여기에 적응하는 과정이 쉽지 않지만, 목구멍이 포도청인지라 그럭저럭 적응합니다. 환자와의 관계가 계약 관계로 바뀝니다. 계약 관계라 하더라도 어떤 경우에는 치과의사가 진료를 주도하고 환자가 협조하는 치과의사에게 편한 관계가 유지됩니다. 하지만 때로는 신뢰가 깨지거나 아예 형성되지 않은 채로 진료해야 할 때도 있습니다. 또 때로는 이렇게까지 감정 노동을 해가며 마음고생을 해야 하는지 회의가 들 때도 생깁니다.

우리가 치과대학에서 배우는 것은 과학적이고 합리적으로 환자의 병을 고치는 방법입니다. 이 과정에서 중요한 것은 병의 원인과 정도와 예후, 전신 질환 등의 전신 요소이지 같은 병에 대해 환자가 갖는 경험과 감정의 차이는 부차적인 요소입니다. 아니 거의 무시되고 있습니다. 현대 의학이 생명과학으로 과학화하면서 엄청난 발전을 이룬 대가입니다. 또 현대 자본주의 사에 들어서면서 의료인이 병자를 시술하고 그에 대한 고마움으로 성의를 표하던 관계에서 의료 행위에 가격이 매겨지고 계약을 맺어 돈과 등가 교환하는 관계로 바뀌었습니다. 신성한 선물로 여겨지던 의료가 상품으로 바뀐 것입니다. 복지국가라 하더라도 가격이 매겨지는 것은 다르지 않습니다. 신분이나 권력, 재력에 좌우되던 의료가 이제는 돈이 있으면 누구나 혜택을 받을 수 있다는 점에서 일면 나아진 것이고, 돈이 없으면 소외된다는 점에서는 여전히 한계를 지닌 것이지요.

환자를 병을 지닌 동물과 다르지 않다고 취급한다거나 돈을 매개로 하는 고객으로 우대한다고 하면 누구나 불편함을 느낍니다. 그러나 진료에 냉정하지 못한다면 판단을 그르쳐 잘못된 의사 결정을 내릴 수 있습니다. 또 직원과 거래처를 먹여 살리는 경영자이자 구환을 지속적으로 보살펴야 하는 치과의사로서 상거래는 피할 수 없는 현실입니다. 그러나 진료를 잘하는 실력 있는 치과의사로서도 경영을 잘하는 경영자로서도 어딘가 부족하다는 생각이 듭니다.

한 노년의 미국인 내과의사가 쓴 〈차가운 의학, 따뜻한 의사〉는 의사-환자 관계를 다룬 책입니다. 그는 현대 의학의 과학적 측면은 매우 중요하지만, 인간적 측면도 중요하다고 강조하고 있습니다. 이 책의 원제도 의학의 인간적 측면(The human side of medicine)입니다. 과학적 측면과 인간적 측면은 어떻게 다를까요? 흔히 병의 과학적 측면을 질병(disease)이라고 말하고 인간적 측면을 질환(illness)이라고 부릅니다. 전자는 정신과 분리된 신체의 이상을 말하며, 후자는 병을 앓는 환자가 느끼고 생각하며 행동이 바뀌는 경험 전체를 말합니다. 이 경험은 환자의 신체라는 생물학적 요소에 환자의 주관이라는 정신적 요소, 그 환자를 둘러싼 기술과 관념, 제도라는 사회적 요소가 작용합니다. 그래서 저자는 의학의 인간적 측면을 다루는 관점을 생물정신사회적 모델(biopsychosocial model)이라고 부릅니다.

우리가 알고 있는 의학은 19세기에 비로소 탄생했습니다. 근대 이후 생물학이 발달하면서 의학이 비약적으로 발전했고, 많은 사람을 고통과 죽음으로 몰아넣었던 지금으로서는 어처구니없는 많은 시술을 추방했습니다. 또 역학과 산업의학이 도입되어 공중보건이 발달하고 많은 전염병을 예방할 수 있었습니다. 이제는 환경 요인과 사회 요인도 생물학적 요인 못지않게 의학에서 강조되고 있습니다. 그러나 많은 병을 정복했고 사람들은 더 오래 살지만, 만성 퇴행성 질병과 정신적 질병은 더 늘고 있습니다. 의학이 자연과학과 사회과학의 힘으로 많은 일을 이뤄냈지만, 여전히 무엇인가 부족해 보입니다. 저자는 이 상황을 근본적으로 바꿀 수는 없겠지만, 환자와의 관계를 잘 형성하는 것이 의료의 본질이라고 강조합니다. 어떻게 하면 환자와의 관계를 잘 만들 수 있을까요?

〈차가운 의학, 따뜻한 의사〉는 환자들 자신의 이야기로부터 시작합니다. 그 이야기들은 환자를 주인공으로 하고 의사는 물론 가족, 친구들이 등장하는 하나의 연극입니다. 환자뿐 아니라 가족, 친구들이 등장합니다. 그 병이 등장인물들에게 어떤 의미인지, 생각과 감정이 어떻게 바뀌었는지, 자아가 어떻게 손상되고 회복되는지 보여줍니다. 저자는 이런 이야기들을 공유하는 데서부터 의사와 환자의 관계가 제대로 형성된다고 말합니다.

치과의사로서도 많은 환자를 겪다 보면 같은 치료를 하고 같은 내용을 말해도 반응은 사람마다 너무나 다릅니다. 이런 경험이 쌓이면 직관이 발달하면서 환자의 반응과 심리를 더 잘 예측하게 됩니다. 환자와의 심리적 거리를 적당히 유지하여 다치지 않는 선에서 신뢰를 쌓아갈 수 있는 비결을 익히게 되는 것이지요.

환자를 만나고 대화할 때 아주 잠깐씩 진단과 치료 내용, 진료비에서 벗어나 스스로를 어떤 연극 무대에서 환자의 인생에 등장하는 조연으로 상상하고 그의 이야기를 들으며 경험과 감정에 주목해보는 것은 어떨까요? 또 좋은 수필이나 인간관계를 다룬 책들을 읽으며 얼마 전 나를 화나게 했거나 섭섭하게 만들었던 환자를 떠올려보는 것은 어떨까요? 이렇게 노력하다 보면 자신과 환자에게 너그러워지지 않을까 기대합니다. 또 시간이 지나면 덜 불행하고 더 행복한 관계들을 맺을 수 있지 않을까 합니다.

저는 이런 경험을 체계화하고 전달하는 것이 치과의료의 인문학적 측면이 아닌가 생각합니다. 환자의 이야기는 의료의 문학적 요소에 해당하고, 권위 있는 의사와 순응적인 환자라는 전통적인 관계나 돈으로 매개 되는 계약 관계를 대체할 수 있는 인간학적 관점은 의료의 철학적 요소에 해당하지 않을까 합니다. 또 의료의 역사를 살펴보면서 전혀 다른 사회적, 문화적 배경에서 의료는 어떤 모습이고 의사와 환자의 관계를 살펴보면 지금 우리의 모습을 상대화시켜 관찰하며 장점과 단점을 반성할 수 있을 겁니다.

이론과 학문으로서의 인문학을 직접 적용하기란 여간 어렵지 않습니다. 구체적인 실천에서는 학교보다는 개원가에서 환자와 부대끼는 치과의사들의 이야기가 서로에게 도움이 될 것입니다. 덴트포토 스토리가 삶의 이야기, 특히 환자와 있었던 이야기들을 풀어내는 실마리가 되기를 바랍니다. 더 나아가 치과계에 이런 글들이 좋은 자산으로 남기를 기대합니다.

문장기술

# 합평의 추억

심수현 (drsim95)

나는 취미가 아닌 생업으로, 전업으로 글을 쓰고 싶다는 생각을 오랫동안 품고 살았다. 이런 열망이 가장 컸던 때는 역시 고등학교와 대학교 시절이었다. 이제와 돌아보니 당시에 만난 친구들도, 제각각 성격은 달랐지만 그런 점에서는 나와 닮아있었다. 치대와 공대를 복수 전공한다는 생각으로 본과 3학년 때 덴탈채널을 설립한 심수영 선생님, 약사를 부업처럼 해서 결국 만화가로 성공하겠다는 야무진 꿈을 가졌던 고등학교 동창 현주. 물론 학창시절 기억나는 친구 한둘 없는 사람은 없겠지만 내 경우, 이후로는 그렇게 특별한 사람들을 더는 만나지 못했다.

갈망이 큰 만큼 이런저런 시도도 많이 해 본 시기였다. 특히 내가 글쓰기에 뜻이 없었다면 평생 경험해보지 못했을 '합평' 과정은 가장 기억에 남고, 꼭 문학을 하는 사람들이 아니라도 일생에 한 번쯤 해 볼만 한

작업이라고 생각된다. 합평이란, 수강생의 습작을 스승과 동료들이 모여 비평하는 과정이다. 아직도 내게는 '합평'이란 단어를 들으면 머릿속에 일정하게 떠오르게 되는 정경이 있다.

요즘에는 '아트앤스터디' 같은 온라인 강의 사이트들도 많지만, 당시엔 강좌의 절대 수도 적었고 이과 출신인 나로서는 일단 어디서 들어야 하는지 정보 얻기부터 난감했다. 그래서 신문사에서 운영하는 문화센터 등의 강좌를 쫓아다녔지만, 수박 겉핥기식의 강의가 많았던 것으로 기억한다. 이런 곳에서도 형식상 합평의 순서를 끼워놓지만, 마지막 날 하루, 그것도 제출된 작품에 한해 몇 마디 감상평을 주고받는 수준이었다. 반복되는 실망 속에 '역시 문학은 노력보다는 재능인가' 라는 회의가 생길 무렵, 제대로 된 합평의 기회가 내게 찾아왔다. 인문학 강좌로 유명한 '연구공간 수유 너머' 에서 '글쓰기 교실' 이 개설되었다는 공지를 보고 신청을 한 것이다.

첫 합평이 있던 날, 선생님은 노트북과 빔프로젝터를 설치하셨다. 한글로 작성된 그날 발표자의 작품이 스크린에 투사되었을 때 우리는 놀라지 않을 수 없었다. 간단한 평 정도가 아니라, 처음부터 끝까지 거의 매 문단마다 색색의 메모가 있었다. 파란색은 창의적인 문장, 빨간색은 상투적이거나 지양해야 할 문장. 그리고 그 각각에 대해 선생님뿐만 아니라 발표자와 수강생 각자의 의견도 주고받았다. 마지막 문단까지 그런 식으로 분석하고 의견을 나누고 나면 토요일 오후 네 다섯 시간이 훌

쩍 지나갔다. 강의는 이런 식으로 수강생 작품의 합평 위주였지만, 아무리 어색한 표현이라도 빨간 칠만 해버리는 대신 반드시 그 아래에 대체할 만한 파란색의 문장을 예시로 준비해 오시던 선생님의 열의에, 작품을 펑크 내는 수강생은 거의 없었다.

그렇게 한 문단 한 문단, 다른 사람의 글을 읽고 그 사람은 어떤 구조로 글을 썼는지, 문장 구성은 어떤지, 잘 쓰는 표현은 어떻고 인물들은 어떻게 움직이는지를 보다 보면 재밌게도 사람을 알게 되었다. 서로 인사만 나누는 사이였더라도 그렇게 철저한 합평을 한 회, 두 회 하다 보면 글쓴이뿐만 아니라 평을 하고 있는 선생님과 수강생들 각각의 인생 역정이 퍼즐처럼 모아지게 되는 것이다. 그래서 처음엔 쭈뼛쭈뼛하던 나를 포함한 수강생들이, 마지막 합평 무렵에는 삶의 어느 부분에 있어서는 가족도 모르는 깊은 이야기를 나눈 동지로 변해 있는 경험을 맛보게 되었다. 글쓰기에 발전이 있었던 것은 물론이다.

그리고 그 시간 동안 나는 나를 알게 되었다. 역설적이게도 나는, 그 합평 강좌를 끝으로 전업 작가의 꿈을 접었다. '글은 곧 사람이다' 라는 깨달음을 얻었기 때문이다. 각양각색의 사람들이 모인 그 곳에서 나는 비로소 나를 객관화할 수 있었던 모양이다. 책상물림의 삶을 살아온 내게서는, 내가 바라는 역동적인 글이 나오기 힘들다는 한계를 인정하게 되었다. '합평 수업' 을 통해 글쓰기도 익혔지만 내가 누구인지에 대해서도 배우고 나온 셈이다.

“너 요즘 그림 안 그려? 대학 때는 1년에 한 번씩 모아서 책도 주고 그랬잖아?”

“어…….그게, 역시 예술은 배가 고파야 나오는 모양이야.”

공교롭게도 만화가를 꿈꾸던 동창 현주와 나는, 같은 기관 소속 공무원 치과의사와 약사로 다시 만나고 있다. 지난 연말에 내가 슬쩍 꺼낸 말에 친구 현주도 나도 그저 웃고 말았다. 성공한 예도 있다. 지켜본 나조차도 솔직히 ‘저렇게 언제까지 버틸 수 있을까?’ 여겼던 심수영 선생님은 치과 개업 후에도 덴탈채널에 이어 덴트포토를 성공시켜서 지금은 두 개의 꿈을 실현했다는 말이 어색하지 않다.

벌써 우리가 처음 서로의 꿈을 이야기하던 고등학교 시절로부터 20년 가까이 세월이 흘렀다. 요즘 마흔은 불혹의 나이가 아니라, 제2의 성장통을 앓는 나이라던데 그래서일까. 요 몇 년 새 누구는 마라톤을 시작한다 하고, 동갑인 친구 남편은 작가가 되겠다면 회사를 휴직했다는 이야기가 솔솔 들려온다.

학창시절의 그 바람이 다시 불고 있는 건가?

나도, 겨울날 올라갔던 수많은 남산의 계단들을 지나 햇살이 비스듬히 비추던 토요일 오후의 그 강의실로 다시 되돌아가고 싶어진다.

# 롤랑 바르트 '글쓰기의 영도' 의 자의적 해석

전다르크 (필명)

'글쓰기' 라는 주제를 받고 제가 가장 먼저 떠올린 것은 롤랑 바르트의 〈글쓰기의 영도〉였습니다. 롤랑 바르트(Roland Barthes, 1915~1980)는 프랑스의 인문학자로 구조주의, 후기 구조주의, 기호학, 실존주의, 마르크시즘, 인류학 등등 손을 대지 않은 분야가 없었을 정도로 현대 지성계를 풍미했던 천재 학자였습니다.

'글쓰기의 영도' 는 1953년 롤랑 바르트가 내놓은 첫 단행본의 제목으로 글쓰기에 대한 자신의 견해를 간결한 문체로 써낸 작은 분량의 책자입니다. 이 책으로 그는 프랑스 지성계의 주목을 받기 시작합니다. 책의 내용은 파리 지식인들의 뜨거운 토론 대상으로 떠올랐었어요. 글쓰기의 영도 즉, Le Degre zero de l' ecriture는 영어로 Writing Degree Zero 입니다.

주된 내용은 글쓰기란, 저자가 속해있는 사회 구조적 환경의 영향을 받을 수밖에 없고 새로운 창조가 아닌 기존의 재료를 조직화하는 과정에 불과하다는 것입니다. 그래서 '작품' 이라는 말 대신에 '텍스트' 라는 말을 써야 하고, 저자가 자신의 작품을 창조물로 생각하는 것은 옳지 않으며, 텍스트를 해석하는 것은 온전히 독자의 몫이고, 저자의 의도는 사라지는 '저자의 죽음' 이라는 대가를 치러야 한다는 것이에요.

영도(Degree Zero)' 란 글쓰기에서 아무것도 주장하지 않고 아무것도 부정하지 않고 그저 존재하기만 하는 순수한 언어의 상태를 말하며, 바르트는 사실상 불가능에 가까운 이런 언어의 상태가 가장 이상적이라고 얘기했습니다. 희망, 금지, 명령, 판단 등 말하는 사람의 주관적인 개입이 전혀 없는 '순백의 글쓰기' 가 바로 영도의 글쓰기라는 것입니다. 바르트는 이런 글쓰기의 가장 대표적인 작품으로 까뮈의 '이방인' 을 꼽았습니다. 사실만을 담담하고 정확하게 기술하는 건조한 문체로 쓰인 작품이죠.

그러나 저는 〈글쓰기의 영도〉를 좀 다르게 해석해보려 합니다. 대학원에서 '20세기 문화지형도' 라는 과목에서 롤랑 바르트에 대해 배웠는데, 〈글쓰기의 영도〉라는 책제목을 처음 듣고 제가 딱 떠올렸던 의미는 바르트의 의도와 전혀 다른 것이었습니다. 저는 제가 생각했던 의미로 글쓰기에 대한 얘기를 해보려 합니다.

롤랑 바르트의 논리대로라면 '글쓰기의 영도란 무엇이다' 라고 주장하는 바르트의 의도조차 '저자의 죽음' 을 통해 사라져야 하며, 그 의미를 해석하는 것은 독자의 몫이라 할 수 있으니 바르트도 용서해주리라 생각합니다.

* * *

'글쓰기', 글을 쓴다는 것은 매우 능동적인 과정입니다. TV를 보는 것과 비교해보면 글쓰기가 얼마나 능동적인 행위인지가 분명해지죠. 글을 쓰려면 깊은 사유를 해야 하고 생각을 정리해야 합니다. 그리고 그것을 활자화하여 쓰는 과정에서 객관화가 이루어지고 쓰인 글로 다시 자신의 생각이 정리되는 역과정이 이루어집니다. 그래서 김연수 작가는 이렇게 말했었죠.

"여러분들은 제가 소설을 쓴다고 생각하겠죠. 물론 그렇겠죠. 하지만 소설을 쓰다보면 소설이 저를 쓴다는 느낌이 들 때가 많습니다. 연재를 끝마칠 무렵, 저만큼 많이 쓴 건 아니지만 그 소설도 제 영혼에 뭔가 쓰기 시작했습니다."

작가의 말대로 글을 쓰게 되면 그 글도 자기 자신의 영혼에 뭔가를 쓰게 됩니다.

세상이 너무 바삐 돌아가고 하루하루 일상을 살아가다 보면 우리는 미처 나 자신에게 일어나는 일들의 의미를 정리하지 못하고 지나갈 때가 많습니다. 서점의 자기계발서들은 시간을 쪼개서 바쁘게 열심히 살아야 한다고, 경쟁사회에서 뒤쳐져선 안 된다고 우리를 재촉하죠.

오늘 하루는 어떠셨나요? 어떤 일이 있었고 어떤 사람들을 만나셨나요? 무슨 일로 행복했고, 무슨 일로 상처받으셨나요? 그리고 그 의미들을 생각해보고 정리해 보셨나요? 도종환 시인의 시 한편을 소개하겠습니다.

오늘 하루

어두운 하늘을 보며
저녁버스에 몸을 싣고 돌아오는 길
생각해보니 오늘 하루 얻은 것보다
잃은 것이 더 많았다.

이것저것 짧은 지식들을 접하였지만
그것으로 생각이 깊어지지 않았고
책 한권 며칠씩 손에서 놓지 않고
읽지 못한 나날이 너무 오래되었다.

많은 사람들을 만나고
많은 이야기를 나누며 지냈지만
만나서 오래 기쁜 사람보다는

실망한 사람이 많았다.

나는 또 내가 만난
얼마나 많은 사람을 실망시켰을 것인가.

미워하는 마음은 많았으나
사랑하는 마음은 갈수록 작아지고
분노하는 말들은 많았지만
이해하는 말들은 줄어들었다.

소중히 여겨야 할
가까운 사람들을 오히려 미워하며
모르게 거칠어지는 내 언어만큼
거칠어져 있는 마음이
골목을 돌아설 때마다 덜컹거렸다.

단 하루를 사람답게 살지 못하면서
오늘도 혁명의 미래를 꿈꾸었구나.

이 시에 공감하시나요? 그러면 우리에겐 글쓰기가 필요한 것입니다. 우리는 매일매일 시간을 보내며 살아갑니다. 그리고 어떤 식으로든 그 시간 동안 일어난 일들은 기억으로 남습니다. 그 기억은 어떤 형태로 남을까요. 정답은 바로 'Story' 입니다.

우리 인간은 Story로 인생을 기억합니다. '언제 어디서 누구를 만나 무엇을 했는데 어떠했다.' 이런 식으로요. 그러니 우리의 인생은 Story 입니다. 이 Story가 모여 그 사람의 history가 되는 것이죠.

자신의 Story를 기억하는 데는 두 가지 방법이 있습니다. 첫 번째는 그냥 수동적으로 스쳐 지나가는 데로 기억해서 저장하는 것. 이런 기억은 잊혀지기 쉽죠.

그리고 두 번째는 스쳐 지나간 일들을 다시 한 번 되짚어보고 기억을 정리한 후 그 의미를 생각해보고 앞으로 살아갈 삶에 지침으로 삼는 것. 이런 기억은 쉽게 사라지지 않습니다. 그리는 우리는 이런 기억들을 통해 성장합니다.

자신에게 일어나는 일들의 의미를 생각해보고 정리하지 못한 채 사건들이 지나가고 이런 게 계속 쌓이면, 마음에 불안감이 쌓이게 됩니다. 어떤 일을 겪었다고 해서 저절로 그 의미가 찾아지진 않아요. 이런 문제들의 해답을 계속 회피하다보면 언젠가 결정적인 장면들을 인생에서 꼭 만나게 된다고 생각합니다.

우리가 중요한 질문들을 피해가도 어느 순간 그것들이 돌아와 밀린 빚을 받아가게 될 것이고, 지금 미뤄둔 질문들이 언젠가 돌아와 시험을 치룰 거예요. 그러므로 어떤 순간에 자신에게 일어나는 일의 의미를 짚어볼 필요가 있다고 생각합니다. 자꾸 어떤 문제들을 미루고 이월하지 말고, 그것이 희망이든 걱정이든 한번쯤 멈춰 서서 자기를 대면하는 시간을 가져야 해요.

그렇게 하기 위해 필요한 것이 글쓰기입니다. 책상 앞에 앉아 오늘 있었던 일들을 써내려가 보세요. 그리고 의미를 생각하고 정리해보세요. 그것이 바로 자신을 대면하는 시간입니다.

글쓰기는 지난 일들을 정리해서 서류철에 넣어놓고, 다시 앞으로의 일들을 써내려갈 수 있는 백지를 준비하는 과정이에요. 그 정리된 서류철들이 바로 우리의 Story, 우리의 인생이지요.

게다가 글을 쓰면 우리는 훨씬 더 나은 사람이 될 수 있습니다. 김연수 작가의 글을 다시 인용해 볼게요.

> '지난 팔 년 동안 나는 거의 매일 글을 썼다. 그 결과, 몇 권의 책이 출판됐다. 고등학교 시절의 나를 생각하면, 그것만 해도 정말 대단한 일이라고 말할 수 있다. 하지만 그보다 더 대단한 것은 지난 팔 년 사이에 내가 원하던 바로 그 사람이 돼갔다는 점이다. 눈치 채지도 못할 만큼, 아주 서서히, 하지만 지나고 보니 너무도 분명하게.
>
> 소설가로서는 어떤지 모르겠지만, 인간으로서는 좀 더 나은 인간이 됐다. 그건 전적으로 매일의 글쓰기 덕분이라고 생각한다. 날마다 글을 쓰면서 나는 자신을 비난하는 일을 그만두고 가장 좋아하는 일에 몰두하는 일을 매일 연습한 셈이니까. 그 연습의 결과, 나에 대해, 나의 꿈에

대해, 나의 일에 대해 부정적으로만 생각하던 습관이 사라졌다. 그러자 모든 게 달라졌다.

자신을 비난하지 않고 매일 쓴다고 해서 반드시 잘 쓰게 된다고는 말할 수 없지만, 더 나은 인간이 된다는 사실만은 장담할 수 있다. 글을 쓰는 동안, 우리는 자신에게 말하고, 그건 생각으로 들리고, 눈으로 읽힌다. 날마다 우리가 쓰는 글은 곧 우리가 듣는 말이며 우리가 읽는 책이며 우리가 하는 생각이다. 그렇다면 무엇을 쓰고, 무엇을 듣고, 무엇을 읽으며, 무엇을 생각할 것인가? 그걸 결정하는 사람은 우리 자신이다. 그렇다면 잔인한 고통의 말들을 쓰고, 듣고, 읽고, 생각하겠다고 결정하지 말기를. 그런 건 지금까지 우리가 들었던 부주의한 비판들과 스스로 가능성을 봉쇄한 근거 없는 두려움만으로도 충분하니까. 뭔가 선택해야 한다면, 미래를 선택하기를. 어떤 사람이 되고 싶은지 생각해본 뒤에 그런 사람이 되기 위한 말들을 쓰고, 듣고, 읽고, 생각할 수 있기를.

그러므로 날마다 글을 쓴다는 건 자신이 원하는 바로 그 사람이 되는 길이라고 할 수 있다. 어떻게 쓰느냐에 따라 우리의 모습은 달라진다. 그러므로 쓰라. 재능으로 쓰지 말고, 재능이 생길 때까지 쓰라. 비난하고 좌절하기 위해서 쓰지 말고, 기뻐하고 만족하기 위해서 쓰라. 고통 없이, 중단 없이, 어제보다 조금 더 나아진 세계 안에서, 지금 당장 원하는 사람이 되기 위해서, 그리고 원하는 삶을 살기 위해서, 날마다 쓰라.'

〈우리가 보낸 순간–날마다 읽고 쓴다는 것 · 소설〉중에서 작가의 말대로 글을 쓰는 동안, 우리는 자신에게 말하고, 그건 생각으로 들리고, 눈으로 읽힙니다. 그러니 날마다 우리가 쓰는 글은 우리가 듣는 말이며 우리가 읽는 책이며 우리가 하는 생각이지요. 우리는 무엇을 쓰고, 듣고, 읽고, 생각할지 그걸 스스로 결정할 수 있습니다. 얼마나 멋진 일인가요. 우리가 긍정에 대해, 희망과 꿈에 대해 쓴다면 우리는 그것을 쓰고, 듣고, 읽고, 생각하게 되는 것입니다. 그러면 우리는 눈치 채지도 못할 만큼, 아주 서서히, 하지만 지나고 보면 너무도 분명하게 좀 더 나은 인간이 되어 있을 것입니다.

*　　*　　*

그럼 이제 다시 처음으로 돌아가 롤랑 바르트의 〈글쓰기의 영도〉에 관한 얘기를 해볼게요. 강의 시간에 〈글쓰기의 영도〉라는 책제목을 듣고 제가 처음 떠올렸던 생각은 글쓰기의 영도(領導 거느릴 영, 인도할 도). 이것이었어요. '영도'가 Degree Zero가 아니라 앞장서서 이끌어준다는 의미의 領導인 줄 알았던 거죠.

그러나 저의 오해가 썩 그럴 듯합니다. 글쓰기는 우리를 이끌어줍니다. 우리가 우리 자신에게 일어난 일들의 의미를 생각해보고 자기를 대면하는 시간을 가질 수 있도록, 그리고 우리가 더 나은 인간이 될 수 있도록 말이에요.

그러니 우리 모두 당장 글을 쓰도록 해요. 이 좋은 걸 왜 당장 안 하죠? “Be quick to do good!” 흰 종이와 펜을 들고 책상 앞에 앉으세요. 지금.

# 치과의사의 글쓰기

송윤헌 (tmjdoc)

"글은 남고 말은 날아간다(scripta manet, verba volat)" 라는 말이 있다. 예전에는 글은 영원히 남아서 다시 확인이 가능하지만 말을 하는 순간에 사라져서 말을 하는 것보다 글로 남기는 것은 더 신중해야 한다는 의미로 많이 인용되었다.

그러나 말과 글 모두 다른 사람에게 힘을 줄 수도 있고 상처를 줄 수 있으므로 신중해야 한다. 사람과 사람이 만나서 말을 하는 것과 웹상이나 편지로 글을 쓰는 것은 의미를 전달하고 의사를 전달한다는 것에서 똑같은 행위이지만 말에는 어감이나 어투가 있고 사람과 사람의 만남에서 서로 마주보고 하는 말에는 무엇보다 가장 큰 비중을 차지하는 것이 표정과 눈빛, 몸짓 등이 있기에 좀 더 정확하게 자신의 감정과 느낌, 주장을 전달할 수 있다. 최근에는 말을 하는 대화도 많지만, 메신저나 문자 등의 글로 대화하는 경우가 많아지고 있으므로 말과 글의 경계가 모호해 지고 있다.

치과의사는 매일 매일 진료현장에서 굉장히 많은 글을 쓰게 된다. 치과의사는 기록하는 일이 일상화되어 있는 직업이다. 매일하는 챠팅은 글쓰기를 하지 않고는 하루를 그냥 보낼 수 없는 일이기도 하다. 그 외에도 많은 기록을 하게 되는데 치과의사의 매일하는 일인 글쓰기는 어떻게 해야 하는지에 대해서 생각해 보자.

## 환자에게 설명한 것을 글로 남기기

치과의사에게 설명의 의무라는 법적의무가 있다. 원래 의료인의 의무는 아니지만, 인간의 존엄성에 비추어 본인이 허용하지 않는 방법으로 다루어지지 않을 권리가 있다. 의료라는 것은 필연적으로 신체에 침습적인 행위가 이루어지므로 그에 대해서 결정권을 가지는 것도 환자의 권리라는 법적해석 때문이다. 그러나 의료분쟁에서 환자가 의사의 과실을 입증하기 어렵다는 이유로 판례상 설명의 의무가 잘 이행되었는지에 따라서 치과의사의 책임 정도가 달라지는 현실적인 기준이 되므로 최근에는 이에 대한 중요성이 강조되고 있다.

흔히 우리가 알고 있기에 치료 이후에 예상치 못한 후유증이 발생할 경우를 대비하여 환자로부터 사전에 동의서를 받는 경우가 많다. 이러한 동의서는 의사 측에서는 책임이 없음을 주장하는 근거로 사용하려는 의도가 있다. 그러나 법원은 형식적인 동의에 서명하였다고 하여 설명을 다 듣고 동의했다고 판단하지 않는다. 더욱이 대부분 동의서에 치료 전 후유증에 대한 이의를 제기하지 않겠다는 문구가 있지만, 이는 법적으로 치료 후에 발생할 수 있는 후유증에 대한 손해배상청구권을 환자가 미리 포기하겠다는 약정서에 해당한다고 판단하지 않는다.

설명의 의무를 떠나서 우리는 진료를 하기 전에 환자에게 환자의 상태에 대해서 이야기하고 내가 내린 진단에 대해서 설명을 한다. 그 진단에 근거해서 시술하려는 치료에 대해서 이야기하고 해결되는 문제와 해결되지 않는 문제에 대해서 설명을 하게 된다. 치료 후에 나타날 수 있는 일시적인 문제에 대해서 이야기하고 불가피하게 나타날 수 있는 문제에 대해서 설명을 하게 된다. 원칙적으로는 이렇게 설명을 하고 환자의 동의를 얻어야 치료에 들어갈 수 있게 된다.

이런 이야기와 설명은 환자의 태도와 특성에 따라서 받아들이는 반응은 다양할 것이다. 어떤 환자는 확실하게 해결된다는 믿음을 주어야 불안해하지 않는 환자부터 감성적으로 손을 붙잡고 걱정하지 말라는 안심을 주어야 하는 환자까지 치과의사의 어투나 행동, 단어의 선택까지 여러 가지 변수에 의해서 각기 다른 반응을 보일 것이다. 대화하는 것은 상당히 상대적이며, 환자의 반응과 질문에 따라서 여러 가지 변수가 존재하게 된다.

치과의사는 설명하면서 이를 기록해야 한다. 이는 추후 법적인 문제에 대해 고려를 하지 않더라도 처음에 환자에게 어떻게 설명을 하였고, 진료목적상 처음에 내린 판단과 예상에 대해서 다시 리뷰라는 과정을

환자 : 김 OO 2013년 XX월 XX일

우측 턱관절 통증 → 2-3개월 치료 후 개선

좌측 턱의 관절잡음 → 소리는 큰 문제 없음

개구량 현재 35 mm → 40 mm 목표

↳ 경우에 따라서 37-38

☆ 만성화 : 증상시작 5년 → 치료기간이 ↑

X-ray : 우측 관절염 초기

→ 정기적 10개월 마다 X-ray 비교

→ 관절염 진행 → 교합변화 가능성

→ 앞니가 뜨는 것 ↑ → ☆교정치료 가능성☆

양악수술 교정 → 현재는 연기.

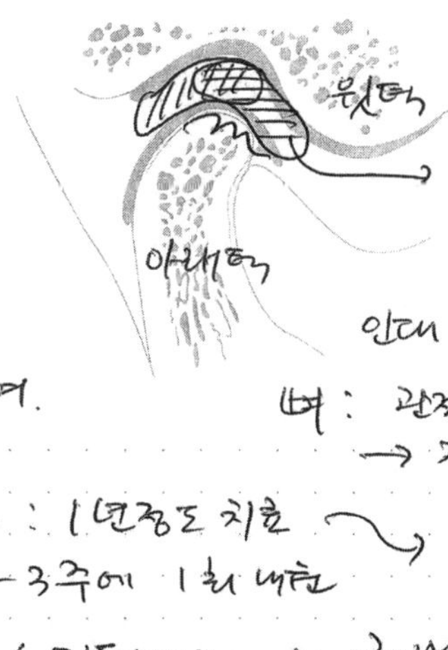


☆ 디스크 : 전방으로 위치이동 → 소리

인대 : 염증 → 통증

뼈 : 관절염 초기 → 정기적 X-ray.

→ 비용 : 비급여.

스플린트 : 1년정도 치료 2-3주에 1회 내원 → 경과에 따라서 치료기간 ↑↑

약물 (진통소염제 + 근이완제)

물리치료. ☆ 주의사항 ☆ 잘 지키기.

Dental Board

거치게 되므로 이를 기록하는 것은 진료과정 중에서 중간평가를 하는 데에도 유용하게 사용될 수 있다. 특히 치료기간이 긴 경우 처음에 나의 판단이 어떠했는지를 다시 돌이켜보는 좋은 자료가 될 수 있다.

이런 설명을 기록하는 방법은 글쓰기의 중요한 구조가 필요하다. 법적으로는 이미 인쇄된 형식의 동의서에 서명을 받은 것은 인정되지 않는다. 왜냐하면, 이 동의서를 환자가 읽고 서명을 했다고 해도 그 내용이 전달되었다고 판단하지 않는 것이다. 설명을 잘한다면 그것을 그냥 글이나 문서로 만드는 것이 설명의 근거가 된다. 모든 사항을 꼼꼼하게 기록을 하는 것이 필요한데 단순히 글자로 입력하는 것만이 아니라, 그림 등을 이용해 당시 상황에 대해 손쉽게 기억할 수 있도록 하는 것이 필요하다. 환자가 궁금해 하는 것, 환자가 집중적으로 관심을 가졌던 것, 환자의 심리상태, 환자가 원하는 치료결과도 기록한다면 당시 설명했던 내용을 추후 복기하기 쉬운 기록이 된다.

특히 동의서양식을 구해서 사용하거나 직접 만들어서 사용하는 경우 동의서양식이 문제라는 이야기는 아니다. 동의서양식을 환자에게 주고서 서명을 받았다고 설명을 한 것으로 판단하지 않는다는 의미이다. 동의서양식이라는 것이 중요한 일반적인 사항을 적어놓고 그것을 이용하여 설명한 내용을 쓰는 것은 누락 없는 설명도 가능하다. 챠트에 보면 보통 좌측에 작은 글씨로 기록해야 하는 항목을 리스트 되어 있는 것도 챠팅을 하면서 참고를 하라는 의미이다. 따라서 동의서양식이 있다면 그것을 활용하여 설명하고 설명한 내용을 글이나 그림, 그리고 강조표현을 해서 사용한다면 유용하게 활용할 수 있다.

주변에 있는 치과의사들을 보면 차트에 함축적인 내용만 기록하다 보니 진료를 맡았던 치과의사조차 정확하게 기억하기 힘들어 환자를 이해시키기 힘들어하는 경우를 많이 보았다. 좋은 기록은 진료에 있어서는 상황, 계획 등의 수립에 있어 어렵지 않은 것은 물론 환자 개인적인 부분도 세심하게 체크하고 챙길 수 있어 소통에 있어서도 아주 필요한 수단이 될 수 있다.

기록을 잘하려면 우선 체계적인 설명을 잘해야 한다. 체계적이라 함은 의학적인 판단에 근거해서 그 판단의 근거까지 종합적이고 체계적인 구조를 가져야 한다. 좋은 설명은 환자에게 치료의 목표를 설정해 주고 그 목표를 달성해 나가는데 있어서 필요한 치료가 무엇이며, 그 목표를 이루는데 걸림돌이 될 수 있는 것을 설명하면서 그 과정 하나하나에 대해서 설명해 준다면 환자도 본인 받는 치료에 대해서 잘 이해할 수 있을 것이다. 또한, 설명하면서 그것을 그대로 환자의 눈앞에서 한글로 기록하면서 환자가 볼 수 있게 한다면 추후 그런 설명을 듣지 못했다고 부인하기 어려운 장점도 있다. 어떤 설명을 하는 과정에서도 내 기록을 짚어가면서 그 이야기가 무슨 이야기인지 되묻는 경우도 있다. 그것은 내가 설명하였다는 증거가 되는 기록에 집중한다는 좋은 의미가 될 수 있다.

### 환자에게 치료한 것을 글로 남기기

환자에게 치료하고 나면 치과의사는 챠팅을 해야 한다. 챠팅은 환자에게 시술한 치료에 대해서 기록하는 경우가 많은데 의무기록의 원칙에 따라서 챠팅을 하는 것이 중요하다. 우리가 진료를 하면 그 진료의 순서에 따라서 시행했던 것을 기록하는 것이 결국 챠트가 된다.

초진 시 처음 만난 환자에게 인사를 하고 나면 왜 병원에 오게 되었는지 주소를 묻게 된다. 주소를 확인하고 나면 그 주소의 현 병력을 묻게 될 것이다. 처음 그 문제가 발생하게 되어 지금까지 어떤 과정과 증상이 있었는지 알아야 할 것이다. 그리고 의과과거력, 치과과거력 등 다른 병력을 묻을 것이다. 즉 주관적인 환자의 호소를 듣고서 기록을 할 것이다. 그리고 나면 객관적인 여러 가지 검사를 하고 필요하면 방사선사진도 찍을 것이다. 이러한 주관적 증상과 객관적 증상을 종합해서 진단과 의학적 판단을 하게 되고 그 진단과 판단에 근거해서 치료계획을 세우고 치료를 하게 된다.

재진 시에도 이전의 치료에 따른 주관적 증상과 객관적 증상의 변화를 판단해서 초기진단과 차이가 있는지 경과를 판단하고 치료를 하게 된다. 이러한 일련의 과정을 기록하는 것이 의무기록의 원칙이다. 단순히 치료내용만을 기록하는 경우 환자가 호소하는 증상이 어떻게 변화하였는지, 검사 등을 포함하는 객관적 증상에서 어떤 결과가 나왔는지 알 수가 없는 경우가 많다. 또한, 이러한 데이터를 내가 어떻게 분석하고 판단하였는지도 알 수가 없어서 난감해질 수도 있게 된다.

다른 사람의 챠트를 보면 가장 난감한 것이 너무도 요약해서 기록한다는 것이다. 좋은 챠트는 내가 직접 그 환자를 만난 적이 없어도 챠트만으로 그 환자의 치의학적 상태를 상상할 수 있어야 한다. 의학뿐만 아니라 다른 분야에서도 좋은 기록이 있는 경우 당시 상황을 블랙박스의 영상처럼 알 수 있어야 한다. 의학에서 챠트는 더 자세한 내용이 포함되어야 함은 너무도 당연한 이야기이다. 또한, 당시 주치의의 판단과 그 이유에 대해서도 챠트를 보고서 예상할 수 있어야 한다. 따라서 이런 기록은 꼼꼼하고 상세하게 기록하는 것이 중요하다. 여기 체계적인 기록도 필요한데 이는 경과기록지를 작성하면 경과기록의 체계에 따라서 좋은 기록이 가능하다.

기록함에 있어서 중요한 점 하나는 객관적인 시각에서 과장됨 없이 사실을 기록해야 한다는 점이다. 의무기록은 나의 치료에 대해서 내가 기록을 하지만 3인칭 시점에서 객관적으로 기록하는 것이 신뢰할 수 있는 기록이 된다. 특히 과장이 없이 사실을 기록해야 한다는 점은 기록의 신뢰성에서 아주 중요한 점이 된다. 의료분쟁이나 기타 여러 가지 법적 판단에서 챠트는 의사의 시각에서 바라본 적법한 자료로 판단된다. 신뢰할 수 있고 객관적이라고 할 수 있는 기록은 치과의사가 방어할 수 있는 좋은 근거가 되므로 세밀한 기록은 치과의사에게 도움이 될 수 있다. 이런 점을 미리 생각해서 의학적 필요성을 기준으로 지나친 방어적 기재나 과욕에 의한 기재 등은 법적으로 무의미하므로 의무기록의 원칙을 지키는 것이 좋다.

세밀해야 한다는 것은 사소한 것도 기록해야 하며, 없으면 없다는 기록도 해야 한다. 검사결과상 이상이 없어도 검사를 시행하였고 그 결과가 이러하였다고 기록하는 것이 맞다. 환자가 궁금해서 질문하면 질문과 답변을 기록하는 것도 필요하며, 직접 진료를 하지 않고 전화로 나누었던 대화도 기록하는 것이 도움이 될 수 있다. 이러한 이유는 초진부터 진료 종료 시까지 환자의 상태를 파악하는 것은 좋은 치료결과를 얻기 위해서 필수적이며, 올바른 파악과 판단을 위해서는 기록을 보면서 반복적으로 환자를 재판단하는 것이 중요한 과정이기 때문이다. 주치의가 자기 환자의 상태도 잘 모르면서 치료를 한다는 것은 법적 잣대를 들이대기 전에도 의학적으로나 윤리적으로 용납할 수 있는 문제가 아니므로 환자를 치료한 기록의 중요성을 잘 이해해야 한다.

### 다른 치과의사의 소견을 글로 남기기

지금은 편지를 잘 쓰지 않지만, 예전에는 편지를 많이 썼었다. 편지를 쓰는 데에도 형식이 있었고, 상대를 부르는 말, 인사말, 알리는 말, 끝인사말, 편지 쓴 날짜, 보낸 사람이름의 순서가 있었다. 봉투를 쓰는 것도 형식이 있었으며, 아버지에게 편지를 쓸 때는 직접 함자를 쓰지 못하고 자신의 이름을 쓰고 뒤에 '본제입납' 이나 '본가입납' 이라고 써야 했다. 영문편지는 또 다른 형식으로 써야 한다고 영어시간에 배우기도 하였다.

환자를 진료하다보면 다른 치과의사의 의견이나 타 전문과의 소견을 들어서 치료계획에 반영해야 하는 경우가 있다. 이런 경우 자문을 위한 편지를 쓰게 되는데 치과의사가 된지 초창기에는 무슨 뜻인지도 모르면서 '고진선처' 라는 말로 마무리를 하는 형식을 갖추어서 의뢰서를 작성하였다. 지금 생각해 보면 고진(苦盡, 어렵더라도, 고생스러우시더라도) 선처(善處, 잘 부탁드립니다)라는 끝인사말을 붙여서 의뢰서를 작성한 것이다.

의뢰서에도 형식이 있기는 한데 그 형식이 반드시 중요한 것은 아니다. 그런데 의뢰서를 보내면서 형식보다도 예의와 내용을 갖추어야 하는 것이 더 중요하다고 할 것이다. 도리어 "환자를 의뢰 드리오니 고진선처 바랍니다." 라고만 내용에 있다면 말 그대로 형식적인 의뢰서에 해당할 것이다. 다만 형식상에서 가장 기본적인 사항은 포함되어야 한다. 방사선사진을 판독해 달라고 하면서 환자의 나이와 성별, 그리고 증상에 대한 정보를 주지 않는다면 방사선과의사는 환자의 가장 정확한 진단명과 전혀 반대의 질환을 진단리스트에 추가할 수 있다.

고혈압환자에서 "발치를 하려는데 발치해도 될까요?" 라고 내과에 자문을 구할 수 없는 것처럼 내가 판단하고 시행하려는 치료에 대한 내용이 포함되어야 하고 그 전문가에게 자문을 구하고자 내용을 구체적으로 정리해서 적어야 한다. 환자들은 자문을 구하면 그 전문가가 치료에 대해서 결정권을 가진다고 오해를 해서 치료를 할 수 있는지 없는지에 대해서 판단해 준다고 생각을 하지만, 각 분야의 전문가가 내 놓는 소견을 종합적으로 판단해서 주치의가 최종적인 결정을 하게 되는 것이다. 고혈압환자라면 전문가에게 묻고자하는 내용은 혈압의 전반적인 추이와 현재 안정화 정도, 현재 사용하고 있는 약물의 특성 등이 치과에서 시행하고자하는 소수술과 마취제 등과의 연관성이나 그 환자에게 주의해야 할 특수한 상황에 대해서 서로 전문적인 의견을 교환해야 할 것이다.

치료에 대해서 의뢰를 하는 경우에도 내가 하는 치료와 관계가 없으면, 형식적인 의뢰서라도 의뢰받은 치과의사가 치료하는데 별 문제는 없을 것이다. 그러나 의뢰후 되의뢰를 하거나 내가 하는 치료와 연관이 있는 경우, 치료계획상 내가 하는 치료나 해야 하는 치료를 고려해야 하는 경우에는 내가 판단하는 내용이 의뢰받는 치과의사에게 중요한 고려요소가 될 수 있고 내가 필요한 내용을 구체적으로 적어야 한다. 의뢰서를 받으면 답변이 필요한 경우에는 반드시 답변서를 보내는 것도 예의에 속하며, 답변이 필요하지 않은 경우라도 환자의 상태에 대해서 요약해서 답변하는 것이 필요할 수는 있다. 다만 최근에는 이것도 개인정보에 속한다고해서 환자에게 동의를 구하기도 한다.

### 치과의사의 글쓰기

성공한 사람들은 메모를 잘 하고 그 메모를 바탕으로 성공했다는 성공신화가 많다. 인간이 가지는 기억은 한계가 있고 나중에 기억을 더듬다 보면 기억력이 가지는 왜곡도 있기에 기록은 상당히 중요한 것이다. 치과의사가 환자에게 묻는 병력은 하나의 역사이기 때문에 히스토리라는 명칭을 가지게 된다.

치과의사는 환자에게 설명한 것을, 치료한 것을 그리고 다른 치과의사의 소견을 주고받은 것을 잘 기록해야 한다. 환자의 좋은 치료결과를 위해서 잘 기록하는 것의 첫 번째 목적이며, 혹시 모를 추후의 문제에 대비하기 위해서 잘 기록해야 한다. 잘 기록하기 위해서는 과장이 없는 사실을 기록하는 것은 기본적인 이야기이며, 나의 입장이 아닌 상대방의 시각에서 기록을 체계적이고 구체적으로 한다면 좋은 기록이 된다. 매일 매일 해야 하는 기록은 자연적으로 연습이 되는 것이고, 예전의 기록을 보면서 현재 그 상황을 이해할 수 없다면 나의 글쓰기는 변화가 필요한 것이다.

현대인들이 편지를 써 본지 오래되고 문자나 이메일에 익숙해지면서 내용과 형식이 축약되고 있고, 손으로 무엇을 쓰는 것은 카드영수증의 서명정도인 현실에서 치과의사는 대다수가 아직도 펜을 사용해서 어떠한 형식을 가진 문서를 써야 한다. 챠팅을 다른 사람의 시각에서 해야 한다는 의미는 챠트는 내가 보기 위한 문서가 아니고 남을 보여주어서 그 사람을 이해시키는 문서라고 생각한다면 좀 다르게 챠팅을 하게 될 것이다. 치과의사에게 글쓰기는 아주 중요한 문제이므로 여러 가지 고려가 필요할 것이다.

# 케이스북을 다시 시작한다면

이학철 (denti2)

치과대학 교육을 받은 우리는 '글'하면 먼저 교과서나 논문을 생각하게 됩니다. 잘 정리된 임상 결과들과 보통의 치과의사의 일상과는 거리가 있는 리서치 결과가 실려 있습니다. 물론 아주 일부 시간 동안은 논문을 읽고 쓸 수도 있겠지만, 우리들은 대부분의 시간을 환자와 만나면서 대화하고 치료하고 그러면서 나름의 일가견을 만들어 가며 동시에 여러 이유로 힘들어하기도 행복해하기도 합니다. 이런 감정들과 번득이는 아이디어 등은 논문에 담을 수 없으며 혼자만 알고 있기에는 아쉬워 지인들과 공유하고 싶을 지 모릅니다. 컴퓨터를 켜면 접속할 수 있는 온라인 공간이 있습니다. 몇 줄의 문장으로 된 논문은 있을 수 없겠지만, 온라인에서는 몇 줄짜리의 '만선' 글도 가능합니다. 누구나 고민하고 경험하는 평범한 소재를 담고 있는 임상 글은 글쓴이와 읽는 이 모두에게 작지만 상당한 '힐링'을 줄 수 있습니다. 다행히 덴트포토에는 목적에 맞는 여러 공간들이 있습니다. 임상포럼, 케이스북의 마이케이스와 마이스토리 등.

임상에 관한 글을 쓴다는 것은 임상 실력이 좋아야만 쓸 수 있는 것은 아닙니다. 논문이 아니기 때문에 일정한 형식이 있는 것이 아니며, 새로운 발견이 아니어도 될 것입니다. 진솔한 얘기를 쉽게 풀어낼 수 있는 몇 가지 재료만 필요할 것입니다. 이러한 재료를 정성껏 준비를 잘하는 것이 중요하다고 생각합니다. 능력이 뛰어난 임상가가 있다손 치더라도 존재하지 않는 술전 방사선 사진이 갑자기 생길 수는 없는 노릇입니다. 자기의 진료를 정리하고 고민하는 평소의 버릇이야말로 좋은 임상 글을 쓸 수 있는 시작이 아닐까 생각합니다.

온라인 세계는 자료의 정리와 검색이 쉽다는 특성이 있습니다. 이러한 장점을 잘 이용하여 글의 제목을 짓는 것을 추천합니다. 다섯 이상이 되면 외우기 힘든 저로서는 큰 주제와 작은 주제 혹은 키워드(keyword)가 들어간 제목 설정은 굉장히 중요합니다. 이제는  수백 개가 되어버린 케이스북 증례들을 보며 제목에 신경 쓰지 못하였음을 후회합니다.

임상 사진과 방사선 사진은 글쓴이가 말하고자 하는 점을 이해하기 쉽게 만들어 주는 좋은 도구입니다. 포토미러를 사용한 임상 사진은 상하 좌우를 뒤집기(flip)나 회전을 꼭 해야 합니다. 술자에 따라 차이가 있지만 대부분의 논문에서 채택하듯이 방사선 사진을 기준으로 삼는 것이 일반적입니다. 좋은 내용의 글이 헷갈리게 배열된 사진으로 인해 빛이 바래는 경우가 많은 것 같습니다.

화려한 테크닉이 담긴 사진 자체도 필요할 수 있겠지만, 이에 못지 않게 술전, 술후의 적절한 사진이 더 중요하다고 생각합니다. 온라인의 임상 글은 논문이 아니라고 하더라도 최소한의 근거는 필요합니다. 어떤 증례가 멋지게 골이식을 하고 빵빵한 상태에서 봉합을 한 채로 끝난다면 아쉬움이 많이 남습니다. 판막은 벌어지지 않았는지, 감염은 없었는지, 몇 달이 경과되었을 때 부피는 유지되고 있는지, 보철을 완성하고 골수준은 어느 정도인지, 이 후 몇 달 혹은 몇 년이 지난 상태는 어떤지 등을 담은 상태의 증례 보고는 스크랩을 하여 따라 해보고 싶게 만듦을 경험합니다.

임상 글은 상당 부분을 객관적인 사실을 기술하게 됩니다. 자기 생각이나 감상, 소회를 곁들일수록 읽기 편하고 기억에 남는 경향이 있지만, 자칫 감정 표현이 과하게 되면 임상이라는 주제를 벗어난 글이 될 수도 있습니다.  그리고 술식에 대한 설명은 올바른 용어의 선택과 정확한 표현이 요구됩니다. 문장을 길게 쓰는 것보다는 짧은 문장으로 만드는 것이 좀 더 유리할 것입니다. 영어 용어 대신 가급적 교과서에 실려있는 우리말 용어를 사용하고 독자가 잘못 이해할 수 있는 여지는 없는지 재차 살펴보는 것이 좋을 듯 합니다. 실제로 글이 포스트 되고 간혹 받는 '쪽지' 를 읽다 보면 제 의도와 다르게 전달된 경우를 많이 접합니다.

마지막으로 공유라는 것을 생각해 봅니다. 저는 케이스북을 왕성하게 이용하면서 '이렇게 다 공개하면 혹시 나에게 남는 것이 없지 않나' 하는 걱정을 한 적이 있었습니다. 어느 후배 분이 따끔하게 충고해주던 말이 생각납니다. "걱정이 지나치십니다. 다 오픈해도 결국 선생님 것이지 남의 것이 되지 않습니다." 실제로 증례를 올리는 속도보다 시간이 지남에 따라 더욱 탐스럽게 무르익는 증례가 훨씬 많음을 실감하고 있으며, 미처 공유하지 못하고 무덤 속으로 가지고 가기에는 너무 아까운 케이스가 생기지 않도록 부단히 케이스 정리하고 있는 저를 발견하며 속으로 미소 짓습니다.

# 일기를 쓰시나요

라임 (필명)

이상하다. 안아달라고 보채던 딸아이가 조용하다. 가보니 낯익은 공책에 신나게 낙서를 하고 있다. 이런! 내 일기장이다. 예전에는 좋은 다이어리에 누가 볼까 꼭꼭 숨겨놓고 썼을 일기이지만 이젠 노트에 써놓고 무심히 책상이나 식탁에 올려놓기 일쑤다. 그러니 이런 상황이 당연한 것인지도 모르겠다. 아이에게 스케치북을 안겨주며 일기장을 챙겼다.

난 어렸을 때부터 일기를 썼다. 매일은 아니어도 자주 쓰곤 했다.

그런데 항상 일기를 쓰면서 어디까지 솔직하게 써야하는지 고민을 했다. 누군가 이 일기장을 볼 수도 있다는 생각에 그 누군가를 의식하며 일기를 썼다. 정말 내 속에 있는 말을 다 하지 못하고 속 시원하게 욕 한 번 못해봤다. 이정도 까지는 얘기해도 되겠지 하며 조심스레 썼다. 소심

한 성격에 어려서부터 눈치 보는 게 익숙해져있는 탓 일게다.

결혼을 하고 아이를 낳고나니 나도 여자에서 아줌마로 변하는 걸까? 부끄러움과 무서운 게 줄었나보다. 일기장에서나마 내 감정은 정말 솔직하게 그리고 당시 상황은 담담하게 사실적으로 설명하며 쓰기로 결심했다. 누군가 보면 뭐 어떠랴. 어딘가 한 곳에서라도 완전히 솔직하게 얘기할 수 있는 곳이 필요했다. 그게 살길이라는 생각이 들었다. 답답한 가슴을 풀 수 있는 무언가가 필요했다.

우선 내 감정 그대로 소리 없이 소리도 지르고 누구 눈치 볼 것도 없이 맘껏 투덜거리고 욕도 실컷 해댔다. 꾹 눌렀던 가슴 응어리가 풀리는 거 같았다. 실컷 누군가를 미워하고 욕하고 나면 은근히 미안해진다. 어느 새 화는 풀리고 내 마음을 다독이게 된다. 그리고 내가 왜 화를 냈는지 진짜 이유를 찾을 수 있게 된다. 이유가 분명해지면 해결책도 선명해지기 마련이다. 설령 최적의 해결책은 없더라도 내가 만족할 수 있는 최선의 방법은 찾을 수 있다.

마치 내가 소설가가 된 것처럼 일기를 쓰는 것도 재밌다. 주인공은 물론 나다. 하지만 작가인 나를 드러내기보다는 소설 속 인물로 설정한다. 예를 들어 '그녀'라고 부른다. 그리고 '그녀'가 소설의 주인공이다. 그러면 내가 아닌 다른 사람의 일상을 보는 거 같다. 상황을 한 발 물러서서 조금 더 객관적으로 볼 수 있게 된다.

일을 잠시 쉬고 육아와 살림에 전념할 때 유난히 짜증스러웠던 하루를 소설을 쓰듯 써본 적이 있다. 남편이 퇴근 후 지쳐서 누워있는 모습도 밉고 야속하게 느껴지던 때였다. 그 땐 왜 그리 모두에게 서운하고 외롭던지. 날 배려해주지 않고 내 맘을 몰라주는 주위사람들에게 있는 대로 뿔이 나 있었다. 며칠 후 그날 썼던 일기를 다시 읽어보고 적잖게 충격을 받았다.

당시 나는 아이와 떨어져 혼자 있는 시간이 너무나 간절했다. 한번은 아이가 남편과 놀고 있는 틈을 타 화장실 청소를 하고 있었다. 락스 냄새가 난다는 이유로 문을 닫고 청소를 하고 있었다. 점점 눈이 따가워졌다. 곤욕스러웠다. 하지만 나가기가 싫었다. 혼자 있는 그 시간이 너무 좋았다. 화장실 청소를 그렇게 열심히 해 본적이 또 있을까.

그 때 나는 늦은 새벽까지 자지 않았다. 남편과 아이가 잠든 후 조용한 새벽에 갖는 혼자만의 시간이 너무나 달콤했다. 그 새벽시간을 기다리는 재미로 하루를 버텼다. 새로운 삶의 활력이 생긴 듯했다. 하지만 수면이 부족한 만큼 체력은 급격히 떨어졌다. 그러면서도 혼자만의 시간을 포기하지 못했다. 석 달 정도를 그렇게 지냈다. 몸이 지쳐가니 예민해질 수밖에. 하지만 내가 예민하단 걸 몰랐다. 그 달콤한 시간 때문에 내 몸이 힘들어한다는 것을 인정하고 싶지 않았다. 그러다 문득 지난 일기를 보며, 지쳐있는 나를 알아달라며 내 덕 네 탓만 하고 있는 나를 발견했다. 웃음이 나왔다.

난 스트레스를 풀만한 취미가 없다. 시간도 체력도 없다. 하지만 일기를 쓴다. 회비도 없고 시간을 따로 낼 필요도 없다. 펜과 노트면 족하다. 나에게 집중하며 솔직해지는 시간이고 나에게 솔직해지기 위한 시간이다. 나를 알아가는 시간이다.

일기는 내 투정과 험담도 묵묵히 들어주는 경청의 대가이고 소문날 걱정 없는 입 무거운 친구이며 함께하면 기쁨은 두 배 슬픔은 반이 되는 마법 상자다. 인심 썼던 일, 섭섭했던 일 정확히 기억해 말싸움 필승 돕는 영리한 비서다. 미운 남편 그래도 다시 사랑할 수 있게 해주는 우리 가족 평화의 숨은 공신이기도 하다.

누군가 답답한 마음 풀 곳 없어 혼자 가슴을 치고 있다면 일기를 써보라고 권하고 싶다. 말하는 것만으로도 스트레스가 풀린다고 하지 않던가. 장기 복용해도 부작용 없고 의사에게 처방받을 필요도 없는 탁월한 우울증 치료제가 있다고 말해주고 싶다.

# 인터넷 글쓰기

심수영 (sonbang)

진료가 끝나 직원 퇴근시키고 치과 문을 닫는데 전화벨이 울렸다. 새로운 일과를 알리는 신호다. 그런데, 심상찮다. 억울한 사연을 털어놔야 속이 풀릴 것 같다는 벨소리다. 치과의사 온라인 커뮤니티 '덴트포토' 운영을 하며 생긴 내 초능력이다.

전화를 들었더니 역시나 연세 지긋하신 낯선 목소리다. 본인에 대한 험담이 있다고 해서 게시판을 찾아 읽고 전화했다고 한다. 게시물 내용이 사실이 아니다. 억울하게 나쁜 사람 만들지 말라며 화를 내신다. 글쓴 사람한테 쪽지를 보내도 답장도 없단다. 사건의 자초지종과 오해가 생긴 이유를 자세히 설명하시며 그간 성실한 개업의로 살아온 이야기, 오랜 치과계 활동경력을 덧붙이면서 허탈한 심경을 토로한다.

이런 전화를 받을 때면, 나는 먼저 게시물을 찾는데 열을 올린다. 그리고 메모지를 꺼내 게시물 읽기와 통화내용 받아 적기를 동시에 한다. 상황을 신속하게 파악하고 이야기 속 등장인물 관계를 이해해야하기 때문이다. 격앙된 전화통화에서 사정을 정확하게 이해하는 것은 중요하다. 내가 모든 상황을 이해할 때쯤이 되면 조심스럽게 사과말씀을 올린다. 대부분 분위기가 차분해지면 인터넷 게시판의 문제점에 대한 지적을 들으며 전화를 마칠 수 있다.

요즘 인터넷에서 글을 읽고 쓰는 것은 일상이 되었다. 뉴스도 인터넷으로 접하고 편지 대신 이메일로 안부를 전한다. 커뮤니티 게시판에서는 관심분야 정보를 찾아 공부도 한다. 컴퓨터와 인터넷은 생활에 큰 변화를 일으켰다. 모든 면에서 과거보다 경제적이고 빠르며 편리하다. 하지만 좋기만 할 수는 없는 모양이다. 인터넷 덕분에 전에 없던 갈등과 소송도 늘고 있다.

* * *

나는 초등학생 때 우연히 컴퓨터를 접했다. 사촌형이 쓰던 컴퓨터가 우리 집에 오게 되면서다. 전자오락실을 들락거리던 시절이라 집에서 게임을 할 수 있을 거라는 기대에 부풀었던 것 같다. 그런데 그 컴퓨터라는 것이 이름뿐이고 성능이 많이 모자란 것이어서 게임은 기대하기도 힘든 수준이었다. 게임을 할 수도 만들어볼 수도 없는 수준이라는 것을 알기까지 그 기계와 상당한 애증의 시간을 보냈다.

시작은 그렇게 순탄치 않았지만 어쩌면 그 덕에 인연이 깊어졌는지도 모르겠다. 그러다 얼마 후 정상적인 컴퓨터를 손에 넣었고, 게임을 싫증나도록 하면서 컴퓨터와 깊은 인연을 맺었다. 당시에 컴퓨터를 한다는 것은 게임이나 프로그래밍을 하는 것이었다. 중학생이 되어서는 정보처리기능사 자격증 시험도 보고 컴퓨터 경진대회에 학교 대표로 출전도 했다. 그 때는 그런 게 유행이기도 해서 어깨를 으쓱했던 것 같다.

고등학교에 입학하고 컴퓨터 프로그래밍을 조금 더 알게 되면서 컴퓨터에 대한 다른 시각이 생겼다. 특정 주제를 컴퓨터 기술과 접목해야 유익한 컴퓨터 프로그램이 되겠다는 생각이었다. 게임이나 성적처리 말고는 컴퓨터가 내 실생활에 보탬이 되지 못한다고 느끼고 있었다. 내가 수학을 무척 잘하는 천재였다면 컴퓨터를 위한 소프트웨어를 꿈꿨겠지만 그러지도 못했다. 어쨌든 컴퓨터가 가진 능력은 계산을 무척 빠르게 지치지 않고 하는 것이라는 점만은 분명히 깨닫고 있었다.

그 뒤로 컴퓨터가 CD-ROM으로 음악과 동영상을 보는 멀티미디어 재생기로 활용되는 과정을 보았다. 계산기에 다채로운 정보 재생 기능이 추가되고 있었다.

그러다 마침내 전화선이 컴퓨터에 연결되었다. 모뎀을 이용해 컴퓨터를 전화선으로 연결하는 PC통신 서비스가 생기고 온라인 게시판이 시작된 것이다. 컴퓨터가 단말기가 된 것이다. 멀티미디어 재생기능을 탑재한 것과는 차원이 다른 큰 변화였다. 사람과 사람이 컴퓨터를 통해 만나는 새로운 방식이 생겨난 것이다. 세상은 조용히 놀라고 있었다. 그리고 얼마 후, PC통신의 한계를 넘어 인터넷이 보급되었고 정보가 넘쳐나는 인터넷 시대가 되었다.

PC통신 시절 나는 주로 하이텔에서 활동했는데, 동호회 시삽을 하고 토론게시판과 채팅방을 드나들며 온라인 문화를 익혔다. 자료실에서 프로그램을 다운받으며 공유정신도 배웠다. PC통신 덕에 문예 출판사 독자서평을 쓰는 아르바이트도 하고 대학 내에서는 PC통신동아리를 만들었다. 그 시절 만난 사람들과 악어미디어연구소를 만들고 창업센터에 입주하게 되면서 지금에 오게 되었다.

* * *

온라인에서 보석처럼 빛나는 좋은 글을 읽다가 가끔은 안타까운 마음이 들 때가 있다. 이렇게 좋은 글을 더 많은 선생님들과 함께 나누면 좋을 텐데. 게시물 제목이 문제다. 본문의 내용과 주제를 대표하는 제목이라면 더 많은 사람이 읽을 것이다. 그리고 꼭 필요한 사람이 볼 것이다. 게시물이 작성되고 오랜 시간이 흘러 목록 저 아래로 묻히면 제목은 더욱 중요해진다. 제목 검색에 나오지 않으면 아무리 좋은 글이라도 세상의 빛을 다시 보기는 어려워지기 때문이다.

사이트 초창기, 운영진 한분이 임상포럼 게시물 제목을 수정해도 되겠냐고 내게 물었다. 회원 자율성에 모든 무게를 싣고 최소한의 개입을 철칙으로 하던 때라 매우 조심스런 제안이었다. 임상주제 게시판이고 지금처럼 과목별 분류가 추가되기 전이어서 제목에 머리말이 꼭 필요하다는 의견이었다. 게시물의 자료가치를 크게 생각하시던 그 선생님은 그 날부터 수천 건의 게시물을 하나씩 열어 머리말을 붙여 넣었다. 덕분에 지금도 임상포럼 초기 게시물 제목에서 머리말을 만날 수 있다. 게시물을 검색하다 대괄호로 감싼 머리말이 있는 글을 보면 늘 그 선생님 얼굴이 떠오르고 감사하는 마음이 든다.

나는 늦은 밤이나 이른 아침이면 컴퓨터 앞에 앉아 하루 동안 올라온 게시물을 읽는다. 사이트 개설 초창기에는 모든 게시물을 읽었지만 지금은 글이 너무 많아 그러지는 못한다. 몇 가지 기준을 가지고 선택적으로 읽지만 전체 흐름을 놓치지 않기 위해서 여전히 많은 게시물을 읽는다. 많은 글을 읽어야 하는 게 가끔은 멍에처럼 느껴지지만 내가 받는 가장 큰 보상이기도 하다. 게시물을 읽으며 나는 정말 많이 배운다.

온라인의 수많은 게시물을 읽다보면 좋은 글을 자주 접한다. 작성자의 필력을 느끼게 하는 조리 있고 힘 있는 글을 읽으면 내용이 무엇이든 고개가 끄덕여진다. 얼굴을 마주하고 소곤소곤 말하는 것 같은 부드럽고 따뜻한 글을 읽으면 친근해진다. 유용한 정보를 수줍게 남긴 글이나 질문에 성의를 다해 친절하게 남긴 댓글을 읽으면 가슴이 따뜻해진다.

온라인의 게시물에 좋은 글만 있는 것은 분명 아니다. 맞춤법이 틀린 글을 읽으면 신뢰가 떨어진다. 약어나 특이한 어휘를 남발하면 이해하기가 어렵다. 띄어쓰기를 안 해서 읽기 어려운 글도 있다. 어투가 공격적이거나 반말이면 불쾌해진다. 그렇지만 무엇보다 가장 얼굴 찌푸리게 하는 글은 나쁜 의도를 가진 글인 것 같다. 거짓인줄 알면서도 허위정보를 유포하거나 교묘하게 사람을 비난하는 글이다.

네티켓(netiquette)이라는 말이 있다. 네트워크(network)와 에티켓(etiquette)의 합성어로 네트워크에서 지켜야할 예절을 말한다. 네티켓은 사회구조나 문화에 따라 달라지겠지만 1994년 미국 플로리다대학교의 버지니아 셰어(Virginia Shea) 교수가 제시한 10가지가 유명하다. 간략히 소개하면 다음과 같다. 인간임을 기억하라. 실제 생활과 똑같은 기준으로 행동하라. 자신이 접속한 곳의 문화에 어울리게 행동하라. 다른 사람의 시간을 존중하라. 교양 있는 사람으로 행동하라. 전문지식을 공유하라. 논쟁은 절제된 감정에서 하라. 다른 사람의 사생활을 존중하라. 권력을 남용하지 마라. 다른 사람의 실수를 용서하라.

한국에서는 2000년에 정보통신 윤리위원회에서 네티즌 윤리강령을 선포하였다. 그 내용은 다음과 같다. 타인의 인권과 사생활을 존중하고 보호한다. 건전한 정보를 제공하고 올바르게 사용한다. 불건전한 정보를 배격하며 유포하지 않는다. 타인의 정보를 보호하며, 자신의 정보도 철저히 관리한다. 비속어나 욕설 사용을 자제하고, 바른 언어를 사용한다. 실명으로 활동하며, 자신의 ID로 행한 행동에 대하여 책임을 진다. 바이러스 유포나 해킹 등 불법적인 행동을 하지 않는다. 타인의 지적 재산권을 보호하고 존중한다. 사이버 공간에 대한 자율적 감시와 비판 활동에 적극 참여한다. 네티즌 윤리 강령 실천을 통해 건전한 네티즌 문화를 조성한다.

좋은 말하기는 나를 위한 것이 아닌 너를 위한 것이라고 한다. 글쓰기도 마찬가지다. 읽을 사람을 위한 글이 좋은 글이다. 내가 오늘 남긴 글이 과연 누구를 위해 쓴 것인지 한번 돌이켜볼 일이다.

# 02
# 북카페

아웃 라이어 (성공의 기회를 발견한 사람들, OUTLIERS)

말콤 글래드웰 저 | 노정태 역 | 김영사 | 2009.01.15

페이지 300 | ISBN 9788934933151 | 도서관 소장 정보 국립중앙도서관

판형 A5, 148 x 210mm

# 성공하는 '1만 시간의 법칙'

전민용 (gca027)

미국 펜실베니아의 로제토는 이탈리아 포자 지방의 로제토 발포르토레 마을 사람들이 1882년 이래 수십 년에 걸쳐 이주해 오면서 만들어진 마을이다. 그런데 1950년 대 후반에 미국에서 65세 이하 남성 사망원인의 1위를 달리는 심장마비가 이 마을에서는 거의 발견되지 않는다는 사실이 알려졌다. 로제토에서는 55세 이하에서는 심장질환의 흔적도 보이지 않고, 65세 이상도 심장마비 사망률이 전국의 절반 수준에 불과했다. 모든 사망원인을 종합한 사망률도 30-35%가 낮았다. 알코올이나 약물 중독자도 없고 자살률과 범죄율도 아주 낮은 로제토에 대한 대대적인 역학조사가 실시되었다.

음식, 운동, 유전, 지역 환경, 흡연 등 생각할 수 있는 모든 요인들을 조사했지만 답은 엉뚱한 데서 나왔다. 평등주의적이고 끈끈한 마을공동체가 건강의 비결이었던 것이다. 의료계는 개인 차원을 넘어 집단과 문화, 가치관 같은 것들이 건강에 미치는 엄청난 영향을 인정했고, 건강에 대한 이해를 넓혀 주는 계기가 되었다. 이런 사례처럼 말콤 글레드웰은 다양한 사례를 통해 성공에 대한 이해를 확장해 주는 이 책을 집필했다.

캐나다 하키계를 지배하는 철의 법칙. 유명 하키선수팀을 보면 거의 예외 없이 1월~6월에 태어난 선수들이 압도적이다. 캐나다에서 보통 코치들은 아홉 살이나 열 살 무렵의 소년들을 대상으로 유력팀의 선수들을 짜는데 한창 성장기에 있는 아이들이라 몇 개월의 차이로도 상대적으로 체격이 더 크고 더 잘하는 것으로 보이는 것이 당연하다. 이런 애들이 일단 선발되고 나면 차별화된 지도와 훈련 덕에 정말로 뛰어난 선수로 성장해 가는 것이다.

교육에서도 비슷한 경향이 나타나 생일이 빠른 아이들의 성적이 상대적으로 더 높게 나온다. 세월이 갈수록 희석되기는 하지만 대학에서조차 10% 정도의 효과가 남아있는 것으로 조사되었다.

IQ. 1921년 캘리포니아 초등생 25만 명을 대상으로 IQ검사를 실시해 최고 중의 최고인 140이 넘고 200에 다다르는 1470명의 아이들을 추려냈다. 이들을 평생에 걸쳐 추적 조사했다. 결론은 거의 대부분 평범한 인생을 살아갔다는 것이다. 노벨상수상자는 한 명도 없었고 오히려 IQ 검사에서 탈락한 아이들 중에서 노벨상 수상자가 나왔다. 지능과 성취도 사이에는 아무런 상관관계가 없다는 결론을 내리지 않을 수 없다. 물론 IQ가 너무 떨어져도 학업성취도가 낮은 것은 맞지만 높으면 높을수록 비례해서 좋은 것은 아니다. 대략 115 정도를 넘어서면 지능지수는 성격이나 인격, 가정환경 같은 다른 요인에 비해 그렇게 중요한 역할을 하지 않는다는 것이다.

대한항공 801편 추락의 비밀. 1997년 8월 괌에서 우리나라 사람들을 충격에 빠뜨린 보잉 747 비행기 추락 사건이 일어났다. 254명의 탑승객 중 228명이 사망했다. 비행기 사고는 대개 사소한 고장과 장애가 여러 건이 겹치고 상당수의 실수가 겹치는 특별한 상황에서만 일어난다. 이날도 사소한 잔 고장, 나쁜 날씨, 피곤함이 모두 겹쳤고, 더 결정적인 것은 기장의 실수나 판단 착오를 부기장이 명확하게 지적해 주지 못했다는 것이다.

권력 간격 지수(Power Distance Index, PDI)란 특정 문화가 위계질서와 권위를 얼마나 존중하는지를 나타낸다. 즉 위험과 불확실성을 무릅써야 하는 특정한 상황에서 아랫사람이 윗사람에게 그 의견을 명확히 드러낼 수 있는가 하는 것이다.

나라별 PDI지수와 비행기 사고 간에 명확한 상관관계가 있음이 통계로 입증되었다. 세계 조종사들의 PDI를 조사해 본 결과 브라질이 1위, 한국이 2위 였다. 우리의 장유유서 문화가 위기 상황에서는 큰 위험으로 나타날 수 있다는 뜻이다.

2002년 히딩크가 우리나라 월드컵 국가대표 감독을 맡았을 때 선후배 위계질서가 엄격한 모습을 보고 밥 먹을 때나 훈련할 때 선후배를 막론하고 반말을 쓸 것을 요구했다고 한다. 우리 문화를 모르는 외국인 감독의 파격적인 지시에 잠시 정적이 흐르던 찰나, 대표팀 막내인 김남일의 "명보야, 밥먹자!" 라는 한마디에 식당은 웃음바다로 변했고, 대한민국호는 승승장구했다. 참으로 현명한 히딩크이다.

진료실에서도 똑같은 일이 일어날 수 있다. 위계질서를 좋아하는 엄격한 원장이나 의사는 옆에서 돕고 있는 의료인들의 적극적 역할을 통해 미연에 방지할 수도 있는 의료사고를 자초하게 될 것이다.

아시아인이 수학을 더 잘하는 이유. 오랜 세월동안 한국, 중국, 일본에서 유학을 왔거나 그 나라 이민자의 자손들은 수학에서 서구 아이들보다 더 높은 성취를 올려왔다. 왜일까? 중국에서는 보통 네 살만 되어도 40까지 센다. 하지만 미국의 네 살은 15까지밖에 세지 못한다. 숫자체계의 규칙성이 다르기 때문이다. 아시아 아이들은 먼저 수학에 눈뜨고 규칙적 체계에 익숙해질 수 있다. 또 다른 이유로는 쌀농사 문화권이라는 것을 든다. 쌀농사는 노동집약적, 기술집약적이다. 노력과 끈기와 자율성을 최대한 요구하는 문화이고 이것은 수학과 잘 맞아떨어진다는 것이다.

성취 공식은 '재능 더하기 연습' 이다. 그런데 재능 있는 이들의 경력을 관찰하면 할수록 타고난 재능의 역할은 줄어들고 연습의 역할이 커진다.

재능이 중요하다고 여겨지는 음악, 그중에 바이올린 전공자들을 대상으로 심리학자들이 조사 연구했다. 베를린 음악 아카데미 학생들을 연주 실력에 따라 세 그룹으로 나누어 조사해 보면 대략 다섯 살 전후에 연주를 시작하고 초기 몇 년간은 일주일에 두세 시간씩 비슷하게 연습했다. 여덟 살 무렵부터 변화가 시작되는데 갈수록 연습시간의 차이가 커진다. 결과적으로 스무 살이 될 때까지 최상의 실력자들은 1만 시간, 그 다음은 8천 시간, 그 아래는 4천 시간을 연습한다. 노력하지 않고 재능만으로 정상에 올라간 연주자는 발견할 수 없었다. 결국 어느 연주자가 최고 수준의 음악학교에 들어갈 정도의 재능을 가지고 있다면 실력 차이는 오로지 노력의 차이에 달려 있다는 것을 보여준다.

1만 시간의 법칙. 신경과학자인 다니엘 레비틴은 어느 분야든 세계 수준의 전문가가 되려면 1만 시간의 연습시간이 필요하다는 연구 결과를 내놓았다. 작곡가, 야구선수, 소설가, 스케이트선수, 피아니스트, 체스선수, 숙달된 범죄자 등 어떤 분야든 이 수치를 확인할 수 있다는 것이다. 1만 시간이면 대략 하루 세 시간, 일주일에 스무 시간씩 10년간 연습한 것과 같다. 어느 분야든 이보다 적은 시간을 연습해 세계 수준의 전문가가 탄생한 경우는 없었다고 한다.

신동이라고 부르는 모차르트의 경우에도 여섯 살에 작곡을 시작했다고 알려져 있지만 걸작으로 평가받는 진정한 협주곡은 스물한 살 때부터 만들어졌다는 것이다. 세계에서 가장 유명한 록밴드인 비틀즈나 마이크로소프트의 빌 게이츠 역시 1만 시간 법칙의 예외가 아니다.

"특별한 성취는 개인적 재능이 아닌 노력과 환경과 기회에 의해 좌우된다." 로 이 책을 요약할 수 있을 것이다. 노력을 가능하게 하는 가정과 사회의 환경도 중요하고, 집단적인 문화적 유산이나 시대적이고 우연적인 사회적 기회 역시 중요하다. 개인의 성공이나 성취의 열매가 왜 일정 정도 사회적으로 공유되어져야 하는지에 대한 합리적인 근거들이기도 하다.

물론 성공이나 성취가 행복을 보장해 주지는 않는다. 심리학적으로 성공에는 집중력이 중요하고 행복은 자존감이나 자기애가 중요하다고 말한다. 이 책은 행복이나 바람직한 삶에 대해서는 말하지 않는다. 하지만 적어도 성취나 성공에 대해 보다 사실에 접근하는 이해를 제공해 주는 것은 사실이다. 마지막 에필로그에 나오는 저자의 가까운 직계 조상인 자메이카 흑인 노예들의 가족사도 감동적이다.

Anytime

# 정의란 무엇인가

마이클 샌델 저 | 이창신 역 | 김영사 | 2010.10.20

페이지 404 | ISBN 9788934939603 | 도서관 소장 정보 **국립중앙도서관**

판형 A5, 148 x 210mm

# 〈정의란 무엇인가〉 쉽게 접근하기

풀바람 (필명)

2010년 출판계 최대의 화제는 단연 마이클 샌델의 〈정의란 무엇인가〉의 기록적인 판매입니다. 인터넷 서평란에도 찬사가 넘쳐납니다. 그런데 주변에서는 의외로 '어려웠다', '중간에 길을 잃었다', '읽고 나서도 뚜렷한 결론을 모르겠다' 는 소감이 다수였습니다. 책이 많이 팔렸지만 단순히 '정의'에 대한 많은 사람의 관심을 확인하는데 그치는 것은 아닌가 싶어 안타깝습니다.

구체적인 사례를 많이 제시하고 논점을 나열하여 비교하는 전개 방식이 매력적이지만, 집중력을 떨어뜨리고 흐름을 놓치기 쉬운 단점도 있는 것 같습니다. 도입부에 저자와 여러 철학자들의 문제의식, 각 주장의 역사적 맥락과 관계에 대한 전체적인 그림이 있었다면 좀 더 낫지 않았을까 하는 생각도 들고요.

저는 관련 분야의 전공자도 아니고 단지 공을 들여 완독했을 뿐이지만 도움이 될만한 책과 개요를 소개하려고 합니다. 이글을 통해 몇 분이라도 〈정의란 무엇인가〉에 다시 도전하신다면 큰 기쁨이겠습니다.

### 미리 읽어볼만한 책 – 편상범 〈윤리학〉 민음인 2009

이 책의 저자는 아리스토텔레스 전공자이고 샌델과 마찬가지로 덕의 윤리, 공동체주의를 지향하고 있습니다. 이 책은 고등학생이 이해할 수 있도록 기획되었습니다. 그러나 평이한 단어에도 깊은 내용을 담아낸 역작입니다. 또한 구성과 관점이 샌델의 책과 유사하여 개념을 파악하는데 좋습니다.

이 책에서는 공리주의, 칸트(의무론), 아리스토텔레스(덕의 윤리)를 차례로 소개하고 있습니다. 윤리설에는 위의 책에서 제시한 대표적인 세 가지 외에도 자연법, 신명령론, 윤리학적 이기주의, 이모티비즘 등 여러 갈래가 있으나 현대 사회에서의 기본적인 윤리 규범은 주로 세 가지 범주의 조합이라고 할 수 있으며 샌델의 책을 이해하는 데 무리가 없습니다.

이 책을 읽고 제가 나름대로 이해한 각 윤리설의 근거와 전제에 대해 말씀드리겠습니다. 나의 행복과 도덕이 충돌하는 것처럼 보일 때 왜 도덕적인 행동을 선택해야 하는가? 나의 이익과 정의가 충돌할 때 왜 정의의 편을 들어야 하는가? 이런 질문에서 바로 윤리와 정의에 대한 여러 이론 문제의식이 생겨나고, 개인의 윤리관, 정의관이 드러나게 됩니다.

여러 답변이 있을 수 있겠습니다. 가장 많은 답은 아마도 (1)'도덕적 행동과 정의로운 행동이야말로 나와 나의 가족, 그리고 인류를 행복하게 만들고 궁극적으로 유익하기 때문이다.'일 것 같습니다.또 다른 답으로 (2) '지구상의 다른 생명체와 달리 인간이야말로 윤리와 정의를 선택할 수 있고 인간을 인간답게 만들기 때문에 우리는 윤리와 정의를 지켜야한다.' 도 있겠지요. 또한 (3) '인간은 다른 사람과의 공존과 협력을 통해서만 생존할 수 있고 인간답게 살 수 있기 때문에 윤리와 정의가 필요다.' 라고도 할 수 있습니다.

이 세 가지 답변은 인간을 각각 (1)감정과 쾌락의 존재, (2)자유의지를 가진 존재, (3)공동체를 떠나 살 수 없는 존재로 전제합니다. 따라서 바람직한 인간은 각각 (1)자신과 타인의 유익을 정확히 판단할 수 있는 능력, (2)이성적으로 나와 남의 자유를 판단하고 법칙을 세워 선택하는 능력, (3)내가 속한 공동체의 목적, 타인의 삶의 목적과 자신의 삶의 목적을 조화시켜나갈 수 있는 능력을 가진 인간일 것입니다.

또한 행위에서 주목하는 지점은 (1)행위의 결과 (2)행위의 동기 (3)행위자의 인성이 될 것입니다.

물론 이 외에도 '신의 명령에 따르는 것이 윤리와 정의이다. 윤리와 정의는 자연의 질서에 부합하는 것이므로 당연히 지켜야 한다. 윤리와 정의는 강자가 약자를 다스리기 위한 방편에 불과하다. 윤리나 정의는 사회마다 다르며 객관화할 수 없다. 윤리와 정의는 인간의 언어와 뇌의 진화와 발달의 산물이다.' 와 같은 많은 답변이 나올 수도 있겠습니다.

이 답변에 대해서는 제가 모르고 이 책의 이해에 직접적인 도움을 주지는 않으므로 넘어가겠습니다.

어쨌든 윤리관, 정의관은 인간의 존재론과 바람직한 인간을 전제하는 것이며, 나중에 열거한 답변처럼 사실과 가치, 존재와 당위의 경계에 있는 것이기도 합니다. 위의 세 가지 답변과 전제를 한 단어로 압축한 것이 바로 아래의 (1)행복 (2)자유 (3)미덕입니다.

### 〈정의란 무엇인가〉의 구성

책의 구성을 보겠습니다. 샌델이 첫 장에서 정의의 기준으로 (1)행복 (2)자유 (3)미덕의 세 가지를 제시합니다. 위의 책과 비교하자면 각각 (1)공리주의 (2)의무론 (3)덕의 윤리와 맥을 같이 한다고 볼 수 있습니다. 어떤 행동이 정의로운가를 판단할 때 각각 (1)행복한 결과를 낳는가 (2)자유를 존중하는가 (3)미덕과 공공선에 부합하는가를 보는 것입니다. 과감하게 단순화하여 개인의 선택으로 축소해 본다면 (1)행동의 결과, (2)행동의 동기 (3)사람의 성품과 경험으로 환원시킬 수 있습니다.

공리주의는 2강, 칸트의 의무론은 5강, 아리스토텔레스는 8강에서 소개되고 있습니다. 현대의 정의에 관한 이론은 자유지상주의(3강), 공평주의(6강), 공동체주의(9강)이며 앞의 세 이론과 짝을 이룹니다. 공리주의-자유지상주의, 칸트(의무론)-존 롤스(공평주의), 아리스토텔레스-공동체주의(샌델 등)입니다.

따라서 이 책은 앞의 책과 마찬가지로 크게 세 부분으로 나뉘며, 전통적인 윤리설에서 출발한 정의에 관한 현대의 이론 세 가지를 보여주고 있습니다. 따라서 두 장씩 묶어 크게 세 부분으로 나눠서 이해하면 흐름을 잃지 않을 것입니다.

다수의 독자가 5강 칸트에서 막히는 것 같습니다. 칸트는 행복감, 동정심, 종교적 동기에서 유래하는 행위보다 착한 의지 즉 불행과 불이익을 무릅쓰는 의무감에서 비롯된 행위가 가장 도덕적이라고 말합니다. 칸트의 생각 역시 상식적이지요. 하지만 그가 이러한 논변을 펼친 근거를 이해하기가 쉽지는 않은 것 같습니다. 저도 원전을 읽지 않았지만 김상봉 교수의 〈호모 에티쿠스〉가 도움이 되었습니다. 위에 추천한 〈윤리학〉 책으로 갈증이 해소되지 않는다면 〈호모 에티쿠스〉도 함께 읽어보세요.

### 자유지상주의와 공평주의 – 두 자유주의 이론

현대의 세 이론 중 자유지상주의는 행복보다 자유에 가까워 보이고, 의무론과 공평주의의 의무나 평등이라는 말은 자유와 어울리지 않아 보입니다. 그런데도 왜 자유지상주의는 공리주의와 묶이고, 공평주의는 칸트와 묶였을까요?

그것은 모든 가치를 계산할 수 있는가, 모든 것을 계산하는 것이 과연 바람직한가에 대한 관점의 차이이기도 하고, 한국 사회에서 서구자유주의를 오해받고 있기 때문이기도 합니다.

공리주의의 전제는 행복은 계산된다는 것인데 이것은 바로 자본주의

시장 원리의 대전제이기도 합니다. 계산이 이루어져야 비로소 교환이 가능하니까요. 자유시장주의 혹은 자유방임주의는 시장이 정의로운 분배를 보장한다고 주장합니다. 따라서 자유지상주의는 자유라는 이름이 붙어있지만 공리주의와 강한 친밀성을 보입니다. 물론 공리주의와 자유지상주의가 일치하는 것은 아닙니다.

반면 현대 서구의 자유주의(liberalism)는 자유지상주의(libertarianism)와 달리 사회적, 경제적, 문화적 기본권을 중요시합니다. 따라서 시장이 이러한 기본권을 침해할 여지가 있다고 보고 일정하게 규제하려고 합니다. 따라서 현대 서구의 자유주의는 그 자유가 '평등한 자유' 여야 한다는 개념을 전제하고 있습니다.

## 정의에 관한 이론의 맥락

서구에서 정의에 관한 논의는 존 롤스가 1971년에 펴낸 [정의론]이 큰 반향을 일으키면서 활발해집니다. 당시 사회과학은 객관적인 법칙을 중시하는 실증적, 경험적 사조가 강했습니다. '정의' 와 같은 규범적인 문제는 사회과학자가 고민할 문제가 아니라고 보았던 것이고 규범과 가치를 중요시하다 보면 사실을 똑바로 보는데 문제가 될 것으로 생각했던 것입니다.

그러나 정치와 사회 현실은 분배와 정의의 문제를 다루어야 했습니다. 또한 사회가 고도로 분화하고 다원화되면서 여러 가치의 충돌이 빚어졌고, 이러한 충돌을 회피하고자 모든 가치가 옳다는 상대주의에 빠지기도 했습니다. 롤스는 이러한 충돌과 갈등을 해결하려고 칸트의 보편 이성에 근거하여 형식과 절차를 고민하였고 자유주의를 기초로 하되 기본적인 평등을 보장하는 기본 원칙을 제시합니다.

그러나 롤스의 노력은 사적 소유권 보장과 최소 국가를 지향하는 자유지상주의의 강한 반박에 부딪히고 70년대에 롤스와 노직의 논쟁을 낳습니다. 80년대 들어서는 이러한 형식만으로는 다원주의의 가치 충돌이 해결되지 않으며 공동체의 공공선과 미덕, 가치를 묻고 추구해야 한다는 공동체주의의 공격을 받게 됩니다. (샌델의 입장이 바로 이 공동체주의입니다. 샌델은 사실 롤스의 제자이고 정의 강의도 롤스에게서 이어받은 것이지요.) 롤스는 이에 대응하여 〈정치적 자유주의〉라는 책을 통해 자신의 이론을 수정하여 보완된 이론을 내놓습니다.

**비판적으로 읽기**

이쯤에서 제 생각을 밝혀야겠네요. 눈치채셨겠지만 저는 존 롤스의 이론에 많은 호감을 가지고 있으며 한국 사회에서는 롤스의 정의 이론이 주가 되고 공동체주의가 보완하는 조합이 필요하다고 생각합니다. 따라서 이 책은 미국적 상황에서는 많은 의미가 있을지 몰라도 한국에서는 비판적으로 수용되어야 한다고 봅니다. 개인보다 국가와 각 이익집단이 너무 강하고, 지역과 혈연, 학연 등의 연고가 절차와 형식을 옥죄고 있기 때문입니다. 따라서 샌델의 공동체주의는 한국에서는 권위주의로 귀결되기 쉽다고 봅니다.

# 가슴으로도 쓰고 손끝으로도 써라

안도현 저 | 한겨레출판사 | 2009.03.03
페이지 284 | ISBN 9788984313194 | 도서관 소장 정보 **국립중앙도서관**
판형 A5, 148 x 210mm

# 안도현의 시작법 "가슴으로도 쓰고 손끝으로도 써라"

시네마천국 (필명)

시를 쓰고자 하는 사람이 자신의 문학적 재능에 대해 회의하거나 한탄할 필요는 전혀 없다. 그것은 자신의 게으름을 인정한다는 것과 같다. 〈예술가여, 무엇이 두려운가!〉라는 책에서는 예술가란 자신의 작업을 지속하는 법을 배운 사람들, 즉 중지하지 않는 법을 배운 자들이라고 규정한다. 예술 창조에 대한 지속성이 곧 예술적 재능이라는 말로 이해해도 좋을 것이다. 이 책은 "자신이 가진 재능이 얼마나 되는지 걱정하는 것보다 더 쓸모없고 흔한 에너지 소모는 없다" 고 잘라 말한다. 즉 스스로 창조하고, 스스로를 발전시켜나가지 않으면 눈부신 천성은 망각 속으로 사라져버린다는 것이다. 이 책에서 또 하나 주의 깊게 볼 것은 "자신의 작품으로부터 배워나가며 발전한다"는 대목이다.

〈 23p, 재능을 믿지 말고 자신의 열정을 믿어라 중에서 발췌 〉

예술가를 치과의사로 바꿔 생각해도 좋을 것 같습니다. 시를 쓰고자 하는 사람이면  꼭 한번 읽어볼만한 책입니다.

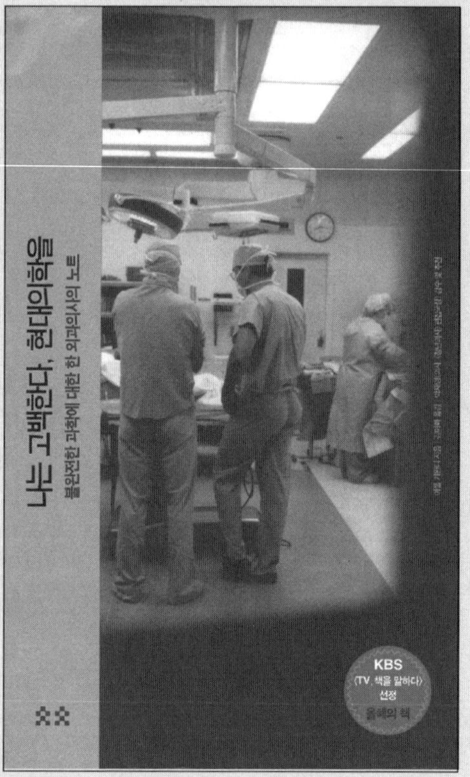


# 나는 고백한다, 현대의학을

아툴 가완디 저 | 김미화 역 | 도서출판 소소 | 2003.06.05
페이지 366 | ISBN 9788990247070 | 도서관 소장 정보 국립중앙도서관
판형 132 x 224mm

# 나는 고백한다, 현대의학을

시네마천국 (필명)

친절하고 훨씬 현대적이고 신식인데다 누구한테고 거절하는 법이 없었어요. 고관절 부위 염증을 손볼 필요가 있는 꼬마 때문에 밤 8시에 전화를 해도 군말 없이 와 주었습니다. 당직도 아니었는데 말이에요. 굿맨은 의대생들이 주는 교수상을 받았다. 엄청나게 많은 환자들이 그에게로 몰려왔다.

그러나 1990년 무렵 언젠가부터 사정이 달라졌다. 기술과 경험으로 볼 때 굿맨은 D부인이나 고관절 골절 노인환자, 그 외의 많은 다른 환자들에게 필요한 처치가 무엇인지 누구보다 잘 알았을 텐데도 그렇게 하지 않았다. 대체 무슨 일이 있었나? 그가 내게 말해 줄 수 있는 건 마지막 몇 년간은 모든 게 이상했던 것 같다는 얘기뿐이었다. 전에는 사람들을 고쳐 주고 수술하는 것을 즐겼었다. 그런데 어느 정도 시간이 지나자 어떻게 하면 빨리 끝낼 수 있을까만 궁리하고 사는 것 같았다.

〈127p, 좋은 의사가 나쁜 의사가 될 때 중에서〉

큰일을 그르치는 걸 자세히 들여다보면 사소한 이유 때문이라고 하는데, 동감입니다. 사회구조적인 문제 때문에, 개인적인 현실 등 여러 가지 이유가 있습니다. 저는 치과의사가 돼야겠다고 처음 마음먹었을 때를 돌이켜보며 마음을 단단히 먹고 있습니다.

나는 고백한다, 현대의학을
차가운 의학, 따뜻한 의사
JUSTICE
KBS

# 03
# 마이스토리

| 초청에세이 |

# 악의 평범성 (banality of evil)

심수현 (drsim95)

악은 특별하거나 먼 데 있지 않고 비판적 사유가 멈출 때 바로 일상에서 악이 발원한다.

–한나 아렌트

오래전에, 내가 모는 차가 버스와 부딪힌 적이 있다. 주행하던 나의 차선으로 버스가 갑작스럽게 끼어들려다 난 접촉 사고였다. 마침 출근 시간이라 버스에는 승객이 제법 차 있었다. 워낙에 버스가 무리하게 진입한데다 목격자가 많다는 생각에, 나는 빨리 처리하고 지각이나 하지 말아야겠다 생각했다. 그런데 상대방은 달랐다. 버스에서 내린 기사는 도리어 내게 잘못을 뒤집어씌우려 했다. 아침부터 사고가 난 것만도 짜증스러운데 고스란히 누명을 쓰게 생기다니 이대로 출근할 순 없었다.

블랙박스도 없던 시절. 그래도 버스에 탄 수많은 눈들은 보았겠지. 어, 그런데, 그 많던 승객들, 다 어디로 갔지?

내 차와 버스를 갓길에 세워두고 언쟁을 벌인지 고작 5분이 넘지 않은 시간이었다. 차가 멈추자 출근이 바쁜 승객들은 하나 둘 내려 제 갈 길을 찾아갔다. 철저히 무관심한 모습으로. 나를 더 당황스럽게 만든 것은, 버스가 늦게라도 출발해주길 바란 남은 승객들의 태도였다. 그들은 내 예상과는 완전히 다른 목격자가 되어 있었다. 운전사가 좀체 물러설 기세가 아니자, 승객들은 도움을 요청하는 내게 말했다.

"여기 다 바쁜 사람들이야."

"그 쪽이 끼어든 것 아닌가?"

조심스럽게 내게 다가와서, 큰 사고도 아닌데 그냥 양보해서 남은 손님들이 손해 보지 않게 해달라고 부탁하신 아저씨도 계셨다. 나는 허탈함에 말을 이을 수 없었다. 결국 그날의 사고는 노련한 보험사 직원 덕분에, 나의 억울함이 풀리긴 했지만 지금도 그 당시를 떠올릴 때면 내 속에서 무기력함과 답답함이 차오른다.

악의 평범성(Banality of evil)은 독일의 정치철학자 한나 아렌트의 1963년 저작 〈예루살렘의 아이히만〉에 나오는 유명한 구절이다. 1960년, 나치의 유대인 학살을 지휘했던 악명 높은 아돌프 아이히만이 붙잡혔을 때, 특별취재원 자격으로 그 재판과정을 지켜본 아렌트는 아이히만과의 첫 대면에서부터 충격을 받았다고 한다. 그 이유는 아렌트의 눈에 비친 아이히만은, 잔혹한 악당이 아니라 지극히 평범한 중년 남성의 모습이었기 때문이다. 그리고 법정에 선 그는 "나는 명령에 따랐을 뿐"이라는 말만 되풀이했다고 한다. 이 경험을 통해 아렌트는, 역사상 행해진 온갖 악행들은 광신자나 반사회성 인격 장애자들이 아니라, 자신들의 국가의 상태에 순응하고 따라서 자신들의 행동을 보통이라고 생각하는 관점을 가지게 된, 평범한 사람들에 의해 행해진다고 주장했다.

근래 들어 신문을 펴면 '왕따' 니 '빵셔틀' 이니 하는 것이 사회 문제로 다루어지고 있다. 일진 몇 몇을 처벌해서 끝날 일은 아니다. 어떤 이유에서건, 그들의 괴롭힘을 묵묵히 지켜보는 아이들이 교실의 다수인 한 이런 류의 사건은 무한 반복될 것이다. 비록 틀렸더라도 여럿이 내는 한 목소리는 우리의 생각보다 훨씬 멀리 갈 수 있기 때문이다.

다시 예전 출근길로 돌아가 본다. 만약 지금의 내가 10년 전 그 승객 중 한 명이었다면 나는 어땠을까? 달랐을까?

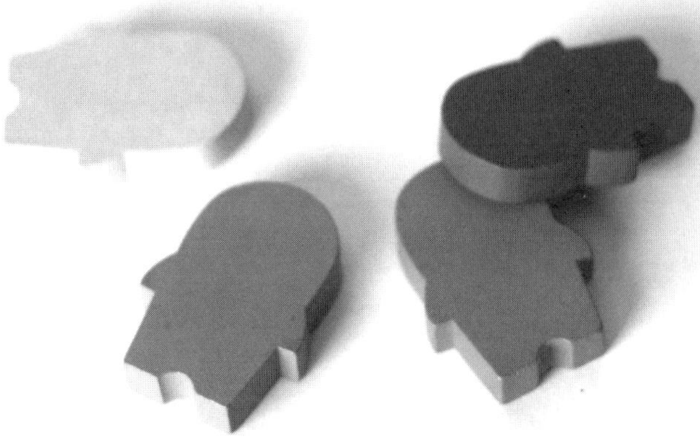

| 초청에세이 |

# 한쪽 눈으로 울어라

한금아 (bebrave)

이 세상에서 치유해 주는 존재가 되길 선택한다면, 일생 동안 적어도 어느 정도 상처받을 능력을 갖춰야 한다. 만약 우리가 효과적인 치유자가 되고 싶다면, 우리는 적절한 한계 안에서 끊임없이 상처받을 수 있어야 하고, 그 상처를 통해서만 다른 사람들은 물론 우리 또한 치유될 수 있다는 것이다. 그러나 분명 한계는 있어야 한다. 감정 이입은 다른 사람의 고통을 느끼고 어느 정도 받아들이는 능력으로, 그것은 하나의 미덕이다. 반면에 공감은 공생 관계와 비슷하거나 다른 사람과 완전한 일체를 이루는 것이다. 모든 공감이 나쁘다는 것은 아니나, 타인의 우울함에 몰두하여 자신도 우울해질 정도가 된다면, 당신은 불필요한 짐을 질 뿐만 아니라 그 사람을 도울 수 없게 되는 것이다. 이 세상에서 치유해 주는 존재가 되길 원하는 사람들이 개발해야 하는 가장 중요하고 유일한 재능은 환자의 입장이 됨과 동시에 환자를 객관적으로 바라볼 수 있는 능력이다. 이것이 '한쪽 눈으로 울어라' 라는 의미이다.

'The road less traveled and beyond - M. Scott Peck' 중 〈경계와 취약성〉에서

다른 사람을 치유해 주는 것이 업인 직종 중에 치과의사도 환자들의 삶에 '치유' 라는 선물을 안겨줄 자격과 의무가 있다고 생각한다. 생명이 경각에 달려있는 환자의 목숨을 살려내는 것이 더 급하고 중요하지만, 소중한 장기 중의 하나인 치아를 잃는 것 또한 가볍게 여길 수는 없기 때문이다. 치주과 의사는 종종 치아의 목숨에 대한 판결을 의뢰받는다. 충치 등의 다른 질환이 없고 심지어 통증조차 없는 치아를 치주염 때문에 발치 할 가능성이 있는 경우이다. 대부분의 환자들은 당연하게도 발치를 거부하고 그것에 대한 최종 판결은 종종 본의 아니게 치주과 의사의 몫이다. 치주과 의사인 나도 자주 여러 곳에서 진단을 의뢰받는데 최대한 치아를 살리기 위해 고군분투하지만, 이미 희망이 없는 치아인 경우는 안타깝지만 단호하게 진단을 내릴 수밖에 없다. 그럴 때 환자들은 나에게 원망을 하거나 화를 내기도 하고 슬퍼하기도 하며 때론 상황을 부정하기도 한다.

치주쟁이로 이제 만 10년을 지내 온 지금, 예전보다는 좀 더 빨리 발치 진단을 내릴 수 있지만 그저 치아를 살릴 수 있는 것이 좋아 치주과를 선택했던 수련의 시절에는 환자들에게 '발치' 라는 얘기를 꺼내기가

참 힘들었다. 환자에게 내 능력이 없음을 시인하는 것이 싫기도 했지만, 무엇보다도 미안하고 안타까운 마음이 컸기 때문이다. 나에게 오는 환자들은 거의 50대 이상으로 평생을 자식들 뒷바라지하며 생계를 위해 바쁘게 사시느라 당신들 몸은 제대로 돌보지 못하며 사신 분들이 대부분이었다. 요즘이야 어릴 적부터 치과 치료 및 예방, 심미적인 교정치료까지 관심을 가지고 혜택을 누리며 살고 있지만, 나라 전체가 가난했던 시절부터 태어나 살아오신 어르신들은 아마 하루 세 번의 칫솔질보다 하루 한 끼의 식사가 더 간절했기 때문일 것이다. 그런 분들 중에는 치아를 발거한 후 보철치료를 할 여유가 없는 분들이 꽤 많았기 때문에 부분 무치악 이나 완전 무치악이 되었을 때 그분들이 겪게 될 어려움을 생각하며 발치를 미뤘던 적이 여러 번 있었다. 당시 교수님들 진료를 보조할 때조차 발치를 단호하게 시행하시는 교수님들을 보면서 혼자서 속으로 원망을 했던 기억도 있다. 희망이 없어 보여도 최대한 발치를 하지 않고 치료를 진행하다 보니 환자와의 관계는 참 좋았던 것 같다. 당신들이 손수 키운 김이나 굴, 마늘, 포도 등을 주시며 나에게 고마움을 전하기도 하고 편지를 주시는 분들도 계셨다. 하지만 연차가 올라가고 임상경험이 쌓이면서 그 동안 무리하게 유지했던 치아가 탈이 나고 오히려 미리 발거를 했으면 환자가 고생도 덜하고 치료를 빨리 끝내 드릴 수도 있었을 몇몇 경우를 보면서 후회가 들기 시작했다. 그러면서 그간 환자와 가졌던 좋은 관계를 면죄부 삼아 치주과 의사로서 무조건 치아를 살려야 한다는 무모한 사명감을 스스로에게 합리화시키고 있었음을 크게 반성했다. 그리고 혼자서 마음속으로 원망했던 교수님들께 깊이 사죄하며 그때부터 더 열심히 고개 숙여 배웠던 것 같다.

지금은 다시 치주과 의사로 있지만, 수련 받은 이후 치주과 이외에 여러 일반 진료도 경험해오면서 치아의 소중함과 동시에 발치에 대한 진단의 중요성 또한 절실히 깨달을 수 있었다. 희망이 없는 치아는 물론이고 치료 계획상 전략적으로 발치를 하는 것은 전반적 치료를 진행하는 데 있어서 매우 중요한 것이다. 때론 부득이하게 예후가 좋지 않아도 남겨둘 수밖에 없는 경우가 있기는 하지만 말이다. 그러나 솔직히 아직도 난 환자의 얼굴을 대하며 '발치'를 얘기할 때마다 마음이 정말 불편하다. 게다가 내가 지금 근무하는 병원에는 지역적 특성상 형편이 어려운 사람들이 많이 찾아와 안타까운 상황이 자주 연출되곤 한다. 그래도 예전보다는 좀 나아졌지만 발치를 선고하는 것은 여전히 내 마음에게도 가혹한 일이다.

며칠 전 신환으로 타과에서 의뢰되어온 환자가 있었다. 구강위생이 그리 나쁘지 않은데 잘못된 보철물의 장기간 장착으로 인해 치주조직이 심하게 파괴되어 치아는 가망이 없는 상황이었다. 60대 아주머니이신 환자는 내가 발치를 말씀드린 순간 꼭 죽음을 선고받은 사람처럼 눈물을 글썽이고 자리에서 꼼짝도 못하시는 것이었다. 그리고는 아주 작은 목소리로 나에게 살려줄 수는 없는지 물으셨다. 나는 그 환자분과 한

참을 서로 바라보다가 일단은 치주치료 하면서 한 번 더 검사하여 재평가해 보자고 했다. 그랬더니 금세 표정에서 안도감이 묻어난다. 내가 또 괜한 희망을 드린 건 아닌지……. 물론 난 그 치아를 발거할 것이다. 그것이 그 환자에게는 최선의 치료이기 때문이다. 그분이 다음번에 오실 때는 마음이 얼마나 괜찮아지실지 모르겠지만, 이렇게 한번 완충의 시간을 드리는 것은 필요하며 환자에게 큰 도움이 될 것이라고 믿는다.

누군가에게 치유의 존재가 된다는 건 정이 넘치는 마음만 있다고 되는 것은 아닐 것이다. 안쓰러운 감정에만 휘둘려 정작 필요한 도움은 주지 못하게 되는 우를 범하지 말아야 한다. 안타까운 상황에서 앞서는 감정을 무조건 억누르려 하기보다는 따뜻한 가슴으로 환자들의 마음을 이해해주되, 냉철한 이성과 객관적인 판단을 할 수 있어야 한다. 진정한 치유자가 되기 위해서 우리는 한쪽 눈으로 우는 법을 배워야 하는 것이다.

# 무엇이 인간의 가치를 결정하는가

전다르크 (필명)

'머리 속의 지우개, 알츠하이머(Alzheimer's disease)'

본과 2학년 병리학 시간에 배웠던 외워도 외워도 끝이 없던 인간의 몸에 생기는 셀 수 없이 많고 많은 그 병들 중에 알츠하이머에 대해 지금까지 명확히 기억하고 있는 건 기말고사 때 보는 oral test에서 교수님께서 제게 하셨던 질문이 '알츠하이머의 원인물질과 임상증상, 진행과정을 설명하라' 였기 때문입니다.

어떤 순간의 기억들은 뇌가 아니라 눈, 코, 귀, 손 같은 몸의 어딘가에 각인되어 영영 잊혀지지 않게 되기도 합니다. 어느 봄밤의 꽃비, 여름 저녁 평상에서 엄마 무릎을 베고 누워 바라보던 어스름, 외할머니 냄새, 처음 들어봤던 해금소리, 처음 잡았던 손의 감촉. 뭐 그런 것들이요.

그런데 별로 낭만적이지도 않은 저 내용을 제가 지금도 또렷이 기억하고 있는 이유는 시험장에 들어가기 직전에 거짓말처럼 저 내용을 다시 읽고 들어갔기 때문이에요. 그래서 그 행운의 기쁨이 기억을 각인시킨 듯해요. 잘 아시겠지만 알츠하이머는 '베타 아밀로이드' 라는 독성단백질이 뇌신경 속에 축적되면서 생기는 퇴행성 뇌질환으로 사람들이 흔히 '치매' 로 알고 있는 병입니다.

레이건 전 미국 대통령도 알츠하이머를 앓았었고 그 사실을 알리는 담화문에서 그는 자신이 이 병에 걸렸다는 사실을 알림으로써 알츠하이머에 대해 보다 많은 관심이 유발되길 바란다고 소망하기도 했었습니다.

임상 증상은 잘 알려져 있듯이 일단 기억을 잃어가는 것입니다. 점진적으로 판단, 언어능력 같은 지적인 능력도 잃게 되고 종내엔 신발을 신고 화장실에 가고 하는 등의 일상생활을 해 나갈 수 있는 능력까지 상실하게 됩니다.

세상에 가혹하지 않은 병이 무엇이 있겠으며 힘들고 괴롭지 않은 환자의 가족이 있을까마는 정말 이 알츠하이머야말로 천형이 아닐까 하는 생각이 듭니다.

만약 제가 알츠하이머에 걸려 사랑했던 사람들조차 알아보지 못하고 그들에게 흉한 모습을 보이며 짐이 되어 살아가는 모습은 상상만 해도 너무 괴로워서 선택권이 있다면 그렇게 사느니 저는 일말의 망설임 없이 죽음을 택하겠다고 할 거 같습니다.

반대로 제가 사랑했던 사람이 알츠하이머에 걸려 저와 함께 했던 수

많은 추억들은커녕 제가 누구인지조차 알아보지 못하게 된다면 그 또한 정말 가슴 찢어지는 슬픔이 아닐 수 없을 것입니다.

예전에 할머니 한 분이 할아버지의 손을 이끌고 제 병원에 오셨었는데 진단을 하기 전 저를 조용히 부르시더니 할아버지가 이가 아파서 얼마 전부터 밥을 잘 못 드시는데 치매를 앓고 계시니 잘 좀 부탁한다고 하시는 거였어요.

예전에 〈시골의사의 아름다운 동행〉이라는 책에서 '의사라는 직업을 가진 사람들이 평생 동안 경험하는 희로애락의 양은 아마도 일반인들의 만 배쯤은 될 것이다' 라는 구절을 읽었는데 참 공감이 갔었어요. 그건 지은이 박경철 선생님께서 외과의사라서 삶과 죽음의 경계에서 경험하는 수많은 슬픔과 기쁨의 순간들도 이유겠지만 꼭 생명과 직결된 분야가 아니라도 의사라는 직업 때문에 환자들의 삶을 들여다 볼 수 있기 때문이 아닐까 생각합니다.

환자들은 의사 앞에서는 솔직해지죠. 남에게 할 수 없는 얘기도 하게 되고 하소연도 하게 되고 그리고 위로 받기를 원합니다. 아니, 어쩌면 자신의 병을 치료해 줄 의사가 자신의 처지와 마음을 이해해주고 있다는 것만으로도 심리적인 위안을 받을 것입니다.

할머님도 그러셨을 거예요. 반백년을 함께 살아오신 할아버지가 같이 울고 웃었던 수많은 이야기들을 깡그리 잊어버리시고 생떼 같은 손자들은커녕 아내인 자신도 못 알아봐주니 서운함을 넘어 얼마나 억장이 무너지고 마음이 아프셨겠습니까. 게다가 긴 세월을 거슬러 올라 한시도 눈을 떼지 못하고 돌봐야 하는 어린 아이로 돌아갔으니 수발하는 고단함이야 말해 무엇할까요.

할머님은 제게 위로를 받고 싶으셨던 거예요. 기나긴 푸념 섞인 설을 푸셔도 손을 잡아드리고 묵묵히 들어드렸던 건 그걸 너무 잘 알고 있었기 때문이었습니다. 할머님은 묵주반지를 끼고 계셨고 매일 미사를 드리고 기도로 마음의 위안을 받으신다고 하셨습니다.

얼마 전 할아버지의 형님이 저렇게 된 자기 동생 돌보느라 제수씨 고생한다고 오백만원을 봉투에 넣어서 주셨는데 그걸로 제일 먼저 할아버지 이를 치료해주러 오신 거라 하셨어요.

모든 환자에게 최선을 다해 진료를 해야 하지만 그런 원론적인 얘기를 떠나 할아버지께는 정말 잘 해 드리고 싶었습니다. 정말 치료를 잘 해 드려서 안 그래도 속상하고 힘든 일이 많으실 할머니에게서 적어도 할아버지가 이가 아파 밥을 잘 못 드시는 일로 걱정하시는 것만은 덜어 드리고 싶었습니다.

할아버지를 치료하면서 지금은 기억을 잃어버린 당신과 당신의 고운 아내였을 할머니의 기나긴 세월을 혼자서 상상해보며 마음이 짠해지기도 했습니다.

어린 아이 같은 할아버지께서도 제 진심을 느끼셨는지 다행히 치료에 잘 협조해 주셨고 치료가 완료되었습니다. 할아버지가 이제 이빨 아프다는 소리도 안 하시고 밥도 잘 드신다고 할머님께서 일부러 찾아오셔서 감사하다고 말씀해 주셨을 땐 그 즈음 내내 제 머리 속을 떠돌았던 병원이고 뭐고 다 때려치우고 창살 없는 이 감옥에서 벗어나 세상 여기저기 여행이나 다니며 살고 싶다던 생각도 간사하게 다 잊어버리고 '하하~의사가 되길 정말 잘 했어.' 라고 다시 생각했었어요.

이런 순간들 때문에 의사들은 힘들고 지쳤다가도 다시 가운을 입고 환자를 마주할 힘을 얻는 게 아닐까요.

여기서 이 얘기를 끝맺고 싶지만, 얘기는 여기서 끝이 아닙니다. 문제는 치료가 다 끝났는데도 할아버지가 그 사실을 잊어버리시고 치과에 계속 오신다는 거였어요. 할머님이 성당 가신 틈을 타서 혼자 치과에 오셔서는 치료를 해달라고 억지를 쓰십니다. 할머님한테 얘기하고 오시라고 하면 내가 어린 애냐고 버럭 화를 내셨다가, 색시는 시집은 갔냐고 물으셨다가, 조용히 TV를 보기도 하셨다가, 환자분들이 사다주신 과일을 내드리면 어린 아이처럼 좋아하시며 드시기도 하셨습니다.

하루는 야간진료가 있던 날이었는데 진료실이 바쁜 틈에 조용히 들어오셔선 병원 대기실에서 담배를 피우고 계시는 거였어요. 놀라서 여기선 담배 피우시면 안 된다고 했더니 눈치를 보시다가 담배를 주십니다. 그리고는 또 치료를 해 달라고 우기시다가, TV를 보시다가, 차도 드셨다가, 가실 생각을 안 하시더니 9시에 병원문 닫고 퇴근할 때 같이 나오셨어요. 직원들은 집에 전화해 이제 못 오게 하시라고 했지만 그나마 아직은 자신이 치과에서 치료를 받았다는 걸 기억하시고, 저렇게 혼자서 집을 찾아가실 수 있는 것이 다행한 일이 아닌가 하는 생각에 그냥 두라고 했습니다.

슬프지만 할아버지께서는 머지않아 잊어버리실 것입니다. 자신이 치과에 다녔었다는 사실조차도, 담배 끊으시고 이 잘 닦으셔야 한다고 잔소리하던 아직 시집 안 간 색시인 저도. 그저 조금 덜 심하게 진행되어, 할아버지의 병이 최악의 상황까지는 발전하지 않길 기도드릴 수밖에 없었어요.

알츠하이머를 겪는 환자를 접하고 저는 인간의 가치에 대해 생각해보게 되었습니다. 모든 인간이 존엄하지만 모든 사람의 가치가 같지는 않죠. 한 인간을 규정하는 것이 그 사람의 역사라면 그 역사를 모두 잃어버린 사람은 무엇으로 그 가치를 평가받을 수 있을까요.

저는 그 답을 얼마 전에 봤던 TED에서 찾았습니다. 그리고 그 답은 제가 살아가는 지침이 되었어요. 알라나 샤이크의 '알츠하이머에 대처하는 나의 자세' 라는 제목의 강연이었어요. 알라나 샤이크는 세계 보건 전문가이자 TED의 fellow입니다. 강연의 내용을 그대로 옮겨 적어 볼께요.

*　*　*

제 아버지 이야기를 해보겠습니다. 저희 아버지는 알츠하이머를 앓고 계십니다. 아버지는 12년 전부터 증상을 보이기 시작하셨습니다. 그리고 공식적으로는 2005년에 알츠하이머 진단을 받으셨어요.

지금 아버지는 정말 많이 아프십니다. 음식을 드실 때도, 옷을 입을

TED
Ideas worth spreading
그래서 저는 알츠하이머 병에 걸릴 준비를 하고 있습니다.
알라나 샤이크 · 알츠하이머에 대처하는 나의 자세
http://www.ted.com

때도 도움이 필요하시고 자신이 어디에 있는지도, 지금이 언제인지도 알지 못하십니다. 이건 정말이지 너무너무 힘든 일이었어요. 아버지는 저의 영웅이셨고, 제 인생 전반에 걸쳐 멘토셨어요. 그리고 저는 지난 10년 동안 아버지가 사라져가는 것을 지켜봐왔습니다.

하지만 이건 비단 저희 아버지 혼자만 겪으시는 일이 아니에요. 치매를 앓으며 살아가는 사람들이 전 세계에 약 3,500만 명이 있습니다. 그리고 2030년까진 그 두 배의 숫자인 7,000만 명으로 늘어날 것으로 예상되고 있습니다. 정말 많은 숫자죠.

치매는 우리를 두렵게 합니다. 치매를 가진 사람들의 혼란스러운 얼굴과 떨리는 손, 그리고 이 병을 가진 사람들의 어마어마한 숫자가 우리를 불안하게 해요. 그리고 이런 두려움 때문에 우리는 두 가지 행동 중 하나를 하는 경향을 보입니다.

첫 번째는 부정하는 것입니다. "난 아니야. 그건 나와 아무런 관련이 없어. 나한테는 그런 일이 일어나지 않을 거야."라고요.

두 번째는 치매를 예방하기로 다짐하는 것입니다. 그러면 우리는 예방에 적절한 행동만 하기 때문에 절대 치매에 걸리지 않을 것이고 치매가 우리를 잡아가지 않을 것이라 믿는 거죠.

저는 세 번째 방법을 찾고 있습니다. 저는 알츠하이머에 걸릴 준비를 하고 있습니다.

예방은 좋은 것이죠. 저 역시 알츠하이머를 예방하기 위한 것들도 하고 있습니다. 저는 올바른 식습관을 가지고 있고, 매일 운동을 하며, 계속 머리를 쓰도록 하고 있는데 이런 것들이 바로 연구결과가 알려주는 여러분들이 해야 할 일들입니다. 하지만 이 연구는 또한 여러분을 100% 보호할 수 있는 방법은 없다는 것을 보여주고 있기도 합니다. 만약 그 치매라는 괴물이 당신을 원한다면 그 괴물은 당신을 잡아갈 것입니다.

이것이 저희 아버지에게 일어났던 일입니다. 저희 아버지는 2개 국어가 가능한 대학교수셨습니다. 아버지의 취미는 체스, 브리지 카드게임, 그리고 논평쓰기였습니다. 그래도 아버지는 치매에 걸리셨습니다.

만약 그 괴물이 당신을 원한다면 그 괴물은 당신을 잡아갈 것입니다. 특히 그 당신이 저라면요. 알츠하이머는 가족들에게 유전되는 경향이 있기 때문이지요. 그래서 저는 알츠하이머에 걸릴 준비를 하고 있습니다.

저희 아버지를 간호하면서 배워온 것들과 치매를 가지고 산다는 것이 어떤 것인지 조사한 바에 따라서 저는 세 가지에 집중하여 대비하고 있습니다. 저는 취미로 하던 것들을 바꾸고, 저의 체력을 기르고 있습니다. 그리고 가장 어려운 것인데요. 저는 더 나은 사람이 되기 위해 노력하고 있습니다.

취미 이야기부터 해보겠습니다. 여러분이 치매에 걸리면 혼자서 즐거움을 찾는 것은 점점 더 힘들어집니다. 여러분은 오래된 친구들과 앉아서 오래 대화하지 못합니다. 그들이 누군지 모르니까요. 텔레비전을 보는 것이 혼란스럽고 가끔은 무섭습니다. 그리고 무언가를 읽는 것은 거의 불가능합니다.

여러분이 치매에 걸린 사람을 돌보는 훈련을 받는다면 환자들이 친숙해하고, 손을 움직이며, 제약이 없는 활동에 참여하게 하도록 하는 훈련을 받을 것입니다. 저희 아버지는 양식들을 채우는 것을 하셨습니다. 아버지는 주립대학 교수셨습니다. 그래서 아버지는 문서업무가 어려운지 알고 계십니다. 아버지는 모든 줄에 본인의 이름을 서명하고, 모든 칸들을 확인하고, 숫자가 있어야 한다고 생각하는 곳에 숫자를 적어 넣으십니다. 그런데 이 일이 저로 하여금 제가 치매에 걸렸을 때 저의 간병인과 제가 어떤 일들을 함께 하게 될지를 생각하게 했습니다.

저는 제 아버지의 딸입니다. 저는 전 세계인의 건강에 대해 많이 읽고, 쓰고, 생각합니다.

그러나 제가 알츠하이머에 걸린다면 사람들이 저에게 여백에 무언가를 적을 수 있도록 학술지들을 줄까요? 아니면 저에게 색칠할 수 있는 도표와 그래프들을 줄까요? 그래서 저는 손으로 할 수 있는 것들을 배우기 위해 노력하고 있습니다. 저는 실력은 형편없지만 그림 그리는 것을 좋아해서 더 자주 하려고 노력하고 있습니다. 저는 기본적인 종이접기도 배우고 있습니다. 지금은 정말 멋진 상자를 만들 수 있습니다. 그리고 저는 혼자 뜨개질도 배우고 있는데 이제 작은 방울 하나 정도는 뜰 줄 알아요.

하지만 제가 이런 걸 잘하는지는 중요하지 않아요. 중요한 건 제 손이 이런 것들을 하는 방법을 안다는 것이죠. 제가 더 많은 것들에 친숙해질 수록 더 많은 것들을 제 손이 할 줄 알고 저의 두뇌가 더 이상 활동하지 않을 때도 더 많은 것들을 행복해하며 바쁘게 할 수 있기 때문이에요.

많은 활동에 참여하는 알츠하이머 환자들이 더 행복하고, 간병인들이 돌보기에도 더 쉽고, 또 이런 활동들이 병의 진전을 느리게 한다고 합니다. 이 모든 것들이 저에게 이로울 것 같아서요. 저는 가능한 오랫동안 행복하고 싶거든요.

많은 사람들이 알츠하이머라는 병이 사실은 인지적 증상뿐만 아니라 육체적 증상도 가지고 있다는 것을 모르고 있습니다. 환자들은 균형감각을 잃고, 근육의 떨림을 가지게 되고, 이런 증상들이 사람을 점점 움직일 수 없게 만듭니다. 그들은 걸어 다니는 것을 두려워해요. 움직이는 것 자체를 두려워합니다.

그래서 저는 저의 균형감각을 키우는 활동들을 하고 있습니다. 균형감을 키워주는 요가와 태극권을 하고 있어요. 제가 저의 균형감각을 잃기 시작했을 때 제가 여전히 움직일 수 있도록 하기 위해서입니다. 그리고 저는 근육이 힘을 가질 수 있도록 체중을 지지하는 운동을 하고 있고 이것 또한 제가 움츠러들기 시작했을 때 여전히 움직일 수 있는 시간을 더 가질 수 있게 해 줄 것입니다.

마지막으로 세 번째입니다. 저는 더 나은 사람이 되기 위해 노력하고 있습니다. 제 아버지는 알츠하이머에 걸리기 전 다정하고 친절한 분이셨고, 지금도 다정하고 친절하십니다. 저는 아버지가 지성과 유머감각, 언어능력을 잃는 것을 보아왔지만 저는 이것 또한 보아왔습니다. 아버지가 저를, 저의 아들들을, 저의 형제를, 저의 어머니를, 그리고 아버지의 간병인들을 사랑하시는 것을요. 그리고 그 사랑이 지금도 우리들을 아버지 주변에 있고 싶어 하도록 만들고 있습니다. 그 일이 아무리 힘들다 하더라도요. 아버지가 이 세상에서 지금까지 배워온 모든 것들을 버려도, 아버지의 벌거벗은 마음은 여전히 빛납니다.

저는 전혀 제 아버지만큼 친절하지 않았고, 다정하지 않았습니다. 그리고 지금 제게 필요한 것은 그렇게 되는 것을 배우는 것입니다. 저는 치매 때문에 가진 것이 아무 것도 없게 되더라도 여전히 살아남아있을 순수한 마음이 필요합니다.

저는 알츠하이머에 걸리고 싶지 않습니다. 제가 원하는 것은 20년 안에 저를 지켜줄 수 있는 치료법이 나오는 것입니다. 하지만 설사 그 병에 걸린다 해도 저는 준비가 되어있을 것입니다.

* * *

이 강연을 보고 저는 좀 울었습니다. 강연의 내용처럼 사람이 이 세상에서 배워온 모든 것과 자신의 역사를 잃어버리게 된다 해도, 그 모든 것들이 다 침전해 사라져 버린다 해도 벌거벗은 마음만은 가라앉지 않고 떠올라 오롯이 남는 것입니다. 날것 그대로의 그 사람 본연의 마음. 감히 말하건대, 인간의 가치는 이것으로 결정된다고 생각합니다.

세상이 어지럽고 여러 가치들이 난립해 있습니다. 욕망이 어리석은 인간의 눈을 가리고 건전한 상식을 덮어버리고 자본주의의 폐단이 드러나고 배금주의가 만연해 있습니다. 지금 치과계의 현실도 이와 무관하지 않죠. 치과계를 보고 있자면 너도나도 진료비를 낮춰 나만 빨리 돈을 벌어야겠다는 광기의 열풍에 휩싸여있는 거 같아요. 언제쯤 이 탐욕의 시나리오가 끝나게 될까요.

반짝이는 것이 다 별이 아니고 강하고 아름다워 보이는 것이 실상은 더 약하고 추악할 수 있으며 학습량과 비례해 영혼이 성숙해지는 것도 아닙니다. 사람을 판단할 때 우리는 무엇으로 그 사람을 평가하나요. 친구를 사귀고 사랑을 하고 결혼을 할 때조차 사람들은 계산하고 겉에 보이는 것들에 가치를 둡니다.

멈춰 서서 숨을 고르고 가치에 대해 재정립해야 될 때라고 생각합니다. 죽을 때 더 많은 돈을 벌지 못한 것은 후회되지 않을 거 같아요. 하지만 좋은 사람이 되지 못한다면 사무치게 후회할 거 같습니다. 저는 좀 더 나은 사람이 되도록 노력할 겁니다. 앞으로 살아가는 날들 동안 내내요. 그리고 타인을 판단할 때도 본연의 마음, 날것 그대로의 인성을 볼 수 있는 눈을 기르고 싶습니다. 좋은 사람이 되어 좋은 사람을 알아보고 어울려 살아가며 마음을 나누고 사랑하고 사랑받고 그렇게 살고 싶은 게 저의 바램입니다.

| 수필 |

# 치아와 분노

한상국 (christbe)

며칠 전 한 신문을 보니 "000후보 지난 5년 동안 절치부심(切齒腐心) 공부. 이제는 자랑할 시기. 새00당 김00 총괄 선대본부장은 박00 대선 후보가 'TV 토론에 소극적' 이라는 지적을 의식한 듯, 박00 후보가 '토론 강자(强者)'임을 강조하고 나섰다." 라는 기사가 눈에 띄었다. 절치부심이란 용어가 여기에 가당키나 한 말인가 싶어 한동안 실소를 금치 못했다.

예컨대 분함을 표현하는 말 가운데 치아를 포함하는 경우가 많다. 이는 비단 우리나라뿐만이 아니라 세계 각국에 공통되는 현상으로, 인간이 분함을 느낄 때 표출되는 방식이 공통되기 때문이다. 그 가장 원형이 되는 단어가 '이를 갈다' 이다. 이러한 표현에 대해서 중국에서는 절치(切齒)로 '이를 끊다' 라고 표현하며 일본에서는 '이를 물다' 나 또는 중국과 마찬가지로 '이를 끊다' 라는 표현을 사용한다. 영어로는 'gnash one's teeth' 라는 단어를 사용하는데 의미는 역시 '분하게 여기다.' 라는 의미가 된다. 모두 치아를 포함하여 '분하다' 는 관용구를 만든다.

한자 성구 중에 절치부심(切齒腐心), 절치액완(切齒扼腕)이라는 말이 있다. 직역하면 '이가 끊어지고 마음이 썩다.' 또 '이를 끊고 팔을 걷어 붙이며 벼르다.' 라는 의미이다. 여기서 절치(切齒)란 이를 가는 것을 의미한다. 사실 '절(切)'이란 한자어에는 '갈다'라는 의미가 없고 우리나라 언어에 적합한 말로 의역해서 사용한 것이라고 볼 수 있다. 사실은 절치부심(切齒腐心)의 절(切)은 '부러뜨리다'로서 '갈다'보다 더 원초적이다.

더 원초적인 것을 보여주는 일화를 절치부심(切齒腐心)의 고사를 통해서 보면 쉬이 납득이 갈만하다. 출전은 사마천의 사기 자객(刺客)열전이다.

중원대륙을 최초로 통일한 국가는 진(秦)나라이다. 그리고 최초로 황제라는 칭호를 사용한 이가 바로 진나라의 시황제이다. 춘추전국시대 막을 내리게 하고 중국을 통일했으나 진나라는 잔혹무도하기가 이를 데 없어 그 아들 대를 넘기지 못하고 멸망하였다. 잔혹한 그였기에 그의 목숨을 노리는 수많은 적이 있었다. 연(燕)나라 태자 단(丹)도 그 무리 중 한 사람이다. 태자 단(丹)은 어릴 적 진시황과 친한 사이였다. 진시황이 진나라의 태자로 책봉되었을 때 진나라는 이웃 조나라에 비해 아직 미약한 나라였다. 당시 진시황은 태자 정(政)으로 불리었다. 이 태자 정(政)이 조나라로 볼모로 붙들려 와 있었는데 이때 연(燕)나라 태자 단(丹)이 그를 동생처럼 돌봐주었다. 그런데 시대는 춘추전국시대, 세월이 흐르고 난 다음 이제는 태자 단(丹)이 진나라의 볼모로 가야하는 처지가 되었다. 진나라에 간 태자 단(丹)은 기대와는 달리 진나라에서 태자 정(政)에게 가혹한 처우를 받았다. 그는 이때부터 태자 정(政)을 암살하고야 말겠다는 계획을 세웠다. 그 후 태자 단(丹)은 연나라로 돌아오고 난 다음 자객을 물색하였다. 당시에 자객 중에 형가(荊軻)라는 자객에 대한 명성이 자자했다. 그러나 단(丹)은 그를 만나보자 명성만 못하다고 판단하고 전광(田光)이라는 자객을 구했다. 전광 역시 뛰어난 자객임은 틀림없었다.

그런데 인간의 운명이란 참으로 아이러니한 것, 단(丹)이 계획을 말하자 모든 면에서 형가가 자신보다 더 뛰어나다는 것을 알고 있었던 전광은 태자 단(丹)에게 형가를 추천했다. 그리고 전광은 형가에게 태자 단(丹)의 계획을 말하고 기밀을 지키기 위해 스스로 목숨을 끊어버렸다. 그의 자살은 기밀 유지만이 목적이 아니라 형가에게 일의 중대함을 느끼게 하기 위한 것이기도 했다. 한편으로는 이 일이 누설되면 일족뿐만 아니라 그와 일면식이라도 있는 사람은 모두 처참하게 살육당할 것을 알고 있기 때문이기도 했다.

전광이 그렇게까지 하자 태자 단은 형가를 만나보지 않을 수 없었다. 태자 단이 형가를 만나자 형가는 스스로를 평가하면서 자신은 전광보다 나은 점이 하나도 없다고 하면서 머리를 조아리며 사양했다. 그러자 태자 단 역시 머리를 조아리며 자신의 부탁을 들어줄 것을 말하자 형가는 마침내 진시황을 암살할 것을 결심했다.

이 때 연나라에는 진나라의 장군 번어기(樊於期)가 망명객으로 있었다. 그는 진시황의 폭정을 비판하다가 미움을 사 연나라로 도망와 있었다.

형가는 곧 번어기를 찾아가 말했다.

"번장군의 부모와 형제 그리고 자식들은 하나도 빼놓지 않고 모두 진시황에게 죽임을 당하였습니다. 그러고도 모자라 진시황은 날로 횡포해져 가는 상황입니다."

형가의 말이 채 끝나기도 전에 번어기가 두 뺨에 눈물을 주르르 흘리며 말했다.

차마 그 일을 생각하면 가슴이 메어지나 아무리 생각해보아도 어찌할 방법이 없으니 안타까울 뿐이오."

그러자 형가가 이를 놓치지 않고 말했다.

"듣자니 진나라에서 번장군의 목에 금 일천 근과 일만 가호의 고을을 내걸고 있다 합니다. 바라건대 우리가 번장군의 목을 얻어 진시황에게 바치면 진시황은 반드시 기뻐 저를 만날 것입니다. 이 때 제가 왼손으로는 진시황의 옷깃을 잡고 오른손으로 그의 가슴을 찌른다면 장군의 불구대천의 원수도 갚고 우리 연나라의 모욕도 씻을 수 있을 것입니다."

이 말을 들은 번어기는 형가의 능력을 믿고 있었던 터라 "이는 내가 밤낮으로 절치부심(切齒腐心)하고 이었던 터이오." 라고 말하고 스스로 목을 쳐 죽었다. 형가는 곧 번어기의 목을 베어 들고 진나라로 향했다.

운명과 그에 대항하려는 인간의 결연한 의지에 대해 다시 한 번 생각하게 하는 처연하고 비장한 고사이다. 이 절치부심(切齒腐心)을 사전에서 찾아보면 "몹시 분하여 이를 갈며 마음을 썩임." 이라고 정의되어 있다. 그러나 위의 번어기의 고사에서 보듯이 절치부심이란 단어 안에는 분함만이 내재되어 있는 것이 아니다. 번어기가 느끼듯이 도저히 항거할 수 없는 거대한 힘에 대하여 억울해도 어쩔 수 없이 분노를 삭일 수밖에 없는 상황을 설명하고 있다.

이 처연한 절치부심(切齒腐心)에 비해 우리나라의 '이를 갈다'의 분함에는 애교가 어려 있다고 할 정도이다. 예를 들어 우리나라 속담 가운데 '송곳니가 방석니가 된다.'라는 말이 있다. 방석니란 잘 쓰이지는 않지만 엄연히 표준어인데 방석니란 단어의 어감에서 연상되듯이 닳은 상태의 치아를 의미하며 정확하게는 제1소구치를 말한다. 우선 송곳은 뾰족하고 방석은 넓고 평퍼짐한 것을 연상시킨다. 이를 치아에 적용한 것을 보면 그 조어 방법의 자연스러움에 옛사람들의 순수한 사고가 오히려 기교를 중시하는 현대인들의 조어 방법보다도 우수한 것 같다. 이 속담의 의미는 뾰족한 송곳니가 납작하게 닳도록 이를 몹시 간다는 뜻으로, 몹시 원통함을 비유적으로 이르는 말이다.

그런데 '이를 갈다' 는 이런 의미가 있지만 '이가 갈리다' 또는 '치를 떨다' 라는 표현도 재미있다. 우선 '이를 갈다' 는 분하게 여겨 복수를 다짐하는 의미가 함축된 것이 특징이다. 그런데 '이가 갈리다' 는 '그때 일만 생각하면 이가 갈린다.' 처럼 과거 경험에 대한 분함의 표현이다. '이를 갈다' 는 다양한 정보가 포함되어 있다. 우선 과거에 대한 현재의 감정이다. 그리고 미래 이에 대해 '이떻게 할 것 인가.' 하는 의시가 들어있다. 즉 이 표현에는 과거와 현재, 그리고 화자의 미래에 대한 감정이 포함되어 있다. 또 재미있는 것은 '치를 떨다' 는 한자어와 순우리말이 혼용되어 있는데 이를 갈다와 거의 같은 의미이다.

한편 '이를 악물다' 라는 표현은 이를 갈다 보다 좀 더 행위에 중점을 둔 표현으로 '많은 노력을 하다' 라는 의미가 된다. 이를 악물다는 이를 깨물다, 이를 물다, 이를 사리물다 등의 표현으로도 쓰이는데 '힘에 겨운 곤란이나 난관을 헤쳐 나가려고 비상한 결심을 하다.' 또는 '매우 어렵거나 힘든 상황을 애써 견디거나 꾹 참다.' 라는 의미가 함축되어 있다. 이 역시 영어나 중국, 일본에도 같은 표현이 있다. 영어로는 'clench[set, grit] one' s teeth' 라고 표현하며 의미는 우리나라와 같다. 어떤 행위가 상이한 문화권에서도 같은 의미로 통용되는 것으로 추찰하건데 이를 악무는 행위는 결국 생물학적으로 판단할 수 있을 것이다. 즉 사람이라는 동물은 뭔가를 결심하거나 독한 마음을 먹을 때 치아를 굳게 물게 된다는 특징이다. 이를 악무는 표현을 일본에서는 직역을 해도 똑같은 표현이 되는 '하오가미시메루(歯を噛み締める)' 라고 표현한다.

강한 의지를 표현할 때 인간은 생물학적인 특징으로 이를 악문다는 것은 최근 치과학에서 리서치한 결과들도 이를 증명하고 있다. 즉 이를 악물거나 이를 가는 행위는 운동 시 힘을 발산하는 효과를 가진다. 특히 근력을 요하는 운동에서는 치아를 지키기 위하여 많은 노력을 기울인다.

위에서 보듯 이를 갈다. 이를 악물다 등의 표현은 행위자의 강한 의지가 내재되어 있다. 그러나 이를 갈더라도 행위자의 의지가 전혀 없는 경우가 있는데 이것이 바로 이갈이(Bruxism)이다. 이갈이는 주로 밤에 잠을 자는 동안 하는데 원인론은 다양하다. 심리적인 원인론으로는 불안과 스트레스가 이갈이와 관련이 있다고 본다. 연구에 따르면 이를 가는 사람은 일반적으로 이를 갈지 않는 사람보다 더 많은 일상의 스트레스를 경험한다 한다. 또 약물 복용, 유전적 소인, 중추신경계의 장애 등이 이갈이의 원인 요소로 여겨지고 있으나 이러한 원인에 의한 이갈이는 매우 드문 편이다.

위에 덧붙여서 한국의 사설시조에서 보면 우리의 이갈림은 다소 인간적이다.

> 물운천지에 살기가 좋아서 내가 살러 왔더니
>
> 사절치기 강냉이만 먹다가 어금니가 덜컥 빠졌네.
>
> 영월평창이 제아무리 좋아도 딸 주지 말아요.
>
> 강냉이밥 사절치기에 생니가 박박 갈려요.

사절치기란 옥수수 한 알을 네 개로 만들어 강냉이밥을 지었대서 나온 말이다. 옥수수 한 알을 네 개로 나누어 먹어야 했던 시절이 있었을까마는 그만큼 궁핍했던 시절이 있었다. 고생고생 생고생도 이만한 고생이란 없다. 그래서 '생니가 박박 갈린다.' 고 표현하고 있다.

절치부심(切齒腐心)의 처연한 고사를 남기고 죽은 번어기의 죽음에도 불구하고 형가의 암살 계획은 수포로 돌아갔다. 형가는 진시황의 목전에서 사지가 찢어지고 결국 천하는 진시황에게 돌아갔다. 진시황의 폭정에 항거하다 멸문지화를 당하고 자신도 처연한 죽음을 택한 번어기의 고사나, 그리 멀지 않은 과거에 독재 권력에 항거하다 죽어나간 우리 이웃사람들의 삶 속에는 절치부심하는 마음이 들어 있다. 우연일까? 박00 후보의 절치부심하는 기사가 나간 뒤 며칠 뒤, 한 신문에 다음과 같은 기사가 실렸다.

"장준하 선생 사인규명 공동조사위원회는 5일 오전 경기 파주시 탄현면 장준하 공원 내 묘역에서 故 장준하 선생의 사인을 밝히기 위한 개묘 행사를 가졌다. 그런데 유골이지만 故 장준하 선생이 이를 악물고 있는 모습이 마음을 아프게 한다."

이제는 이(齒)를 부러뜨리고 이(齒)를 가는 아픔으로 억울하고 분한 마음을 달래던 사람들의 사연도 세월이 지나면서 작은 이야깃거리에 지나지 않게 되어버렸다. 게다가 이런 절치부심의 마음도 흉포한 권력 앞에서는 무력할 수밖에 없다는 것을 번어기의 고사를 통해서 돌아보니 마음이 쓸쓸할 뿐이다. 어찌 이것뿐이겠는가. 하물며 폭정의 최대 수혜자인 한 사람은 한갓 티브이 토론을 하는 데도 절치부심했다고 하니 주객(主客)이 전도(顚倒)되어도 이만저만한 일이 아닌 것 같다.

2012년 12월 1일

어은동에서

# 切齒腐心

| 수필 |

# 육유의 사랑

한상국 (christbe)

대 시인들은 살아가면서 곧잘 치아(齒牙)를 소재로 하여 자신의 이야기를 한다. 육유 역시 마찬가지이다. 육유는 남송(南宋)의 대표적 시인이다. 약 50년간에 1만 수(首)에 달하는 시를 남겨 중국 시사 상(詩史上) 최다작의 시인으로 꼽힌다. 주요 저서에는 〈검남시고(劍南詩稿)〉등이 있다. 육유는 한유 백낙천과 함께 치아에 대한 여러 편의 시를 남긴 것으로도 잘 알려져 있다.

그런 육유이지만 개인적으로는 시대와의 불화로 인하여 몇 번씩이나 관직을 강등 당하거나 귀양살이를 해야만 했다. 동시에 그는 그런 불우한 나날을 속에서 한 여인과의 애틋한 사랑을 후세에 전하고 있다. 육유의 사랑 노래는 바로 그 유명한 '차두봉(釵頭鳳)' 이다.

| | |
|---|---|
| 紅酥手黃藤酒 | 그대 예쁜 손으로 권하던 황등주 |
| 滿城春色宮牆柳 | 성안에는 봄빛 가득, 버드나무 가지 |
| 東風惡歡情薄 | 시샘바람으로 하여 야박해진 정 |
| 一懷愁緖幾年離索 | 쓰라린 마음 안고 몇 년을 헤어져 찾았던가? |
| 錯 錯 錯 | 애석하다. 애석하다. 애석하다. |

육유의 차두봉(釵頭鳳) 1연

육유에게는 사랑하는 사람이 있었다. 사촌 동생인 당완(唐琬)이라는 처녀였다. 당시의 풍습으로는 사촌간의 결혼은 흔한 일이었다. 육유가 당완과 사랑 끝에 결혼을 한 것은 육유의 나이 20세였다. 당완 역시 시를 쓰기를 좋아하여 서로를 아끼고 사랑했다. 그런데 육유의 어머니는 당완의 집안이 가난하고 자기가 골라준 신붓감이 아니라고 처음부터 마음에 들어 하지 않았다. 그리고 마침내 육유의 어머니는 아들 육유에게 이혼을 강요한다. 예전, 당시 유교적 문화에서는 부모의 자녀의 결혼에 대한 뜻을 거스를 수 없는 일 가운데 하나였다. 육유는 당완을 사랑하면서도 어머니의 뜻을 저버리지 못하고 이혼을 하게 된다. 당완을 사랑하는 육유의 마음은 찢어지는 듯 아팠으나 육유로서는 달리 방법이 없었다. 육유는 당완과 비록 이혼을 하긴 했지만 가까운 곳에 두고 어머니 몰래 만나면서 사랑을 나누었다. 하지만 육유의 어머니는 그들이 만나고 있다는 것을 알자 당완을 다른 고을로 내쫓아버렸다. 세월이 흐르고 육유는 어머니가 정해준 다른 여인과 재혼했다. 이 소식을 들은 당완도 친정 부모의 뜻에 따라 개가를 했다. 당완의 남편 조사정(趙士程) 역시 문인이었다.

두 사람의 아픈 기억 속에서도 세월은 변함이 없었다. 육유는 비록 재혼을 하긴 했지만 당완을 잊지 못했다. 사랑하는 사람을 잃은 육유는 그로 말미암아 몇 번이나 과거시험에 실패하고 객지를 떠돌았다. 그가 고향 소흥(紹興)에 다시 돌아온 것은 늦게나마 과거시험에 합격하여 말단 관리가 되었을 때였다. 어느덧 10년이라는 세월이 지나고 난 다음이었다.

고향은 여전히 아름다웠다. 갓 피어오른 버들가지가 실바람에 살랑거리고 협죽화 향기가 5월 하늘 아래 피어올랐다. 소흥에는 우적사라는 큰 절의 남쪽에 심원(沈園)이라는 정원이 있었다. 하루는 육유가 심원으로 바람을 쏘러 나갔는데 마침 그날 당완은 남편 조사정과 함께 심원을 거닐다가 등나무 아래서 쉬고 있었다. 얼마나 서로를 그리워했던 사람이었는가. 육유와 당완은 서로 먼발치에 있었지만 곧바로 서로를 알아보았다. 육유는 당완이 결혼했다는 소식을 들어서 알고는 있었지만 한시라도 잊은 적이 없었다. 그러나 이미 타인의 아내. 육유는 뛰는 가슴만 쓸어내릴 뿐 어찌할 도리가 없었다.

그러나 그날 이후 먼 곳에서 당완의 모습을 바라본 육유의 마음은 그녀와 재냈던 행복한 신혼시절이 떠올라 견딜 수가 없었다. 육유는 그녀에게 자신의 마음을 전하는 시를 써 사람을 통해 당완에게 전했다. 이

시가 차두봉이다. 차두봉이란 봉황비녀를 꽂은 머리를 의미한다. 즉 봉황모양의 비녀를 꽂은 머리이니 현대말로 의역하면 '그대 돌아선 뒷모습' 정도이지 싶다. 또는 사람에 따라서 '채두봉'이라고도 한다.

그토록 사랑하고 그리워하던 여인을 먼발치에서 본 시인 육유는 차두봉 두 번째 연에서 이렇게 노래한다.

| | |
|---|---|
| 淚痕紅浥鮫綃透 | 눈물은 흔적만 남아 비단손수건이 붉고 |
| 桃花落閑池閣 | 복숭아꽃 진 연못은 조용하기 그지없다. |
| 山盟雖在錦書難託 | 옛 맹세는 여전하건만 비단편지는 부치지 못하니 |
| 莫 莫 莫 | 생각을 말자, 생각을 말자, 생각을 하지 말자. |

사랑했던 여자와 이별한 남자는 그 여자를 만나면 다시 되돌아갈 수 없는 현실에 안타까워한다. 한편 심원에서 옛 남편 육유를 만난 당완은 가슴을 도려내듯 아려왔다. 그러나 그녀가 할 수 있는 일이란 아무 것도 없었다. 오직 가슴 속이 병이 들어갈 뿐이다. 그러던 차에 육유로부터 편지가 왔다. 육유의 편지를 읽은 당완은 자신의 마음을 담은 답시를 보냈다.

| | |
|---|---|
| 世情薄人情惡 | 세상이 야박하여 인심도 사나워서 |
| 雨送黃昏花易落 | 황혼에 뿌린 빗방울에 꽃잎이 떨어지네 |
| 曉風乾淚痕殘 | 밤새 흘린 눈물 흔적 새벽바람에 말리고 |

| | |
|---|---|
| 欲箋心事獨語斜闌 | 내 마음 호소하려 난간에 기대어보건만 |
| 難 難 難 | 어려워라 어려워라 어려워라 |
| | |
| 人成各今非昨 | 그대와 나 머무는 곳 다르니 지금은 옛날이 아니라네 |
| 病魂曾似秋千索 | 오랫동안 병든 영혼 날이 갈수록 적적하기만 하고 |
| 角聲寒夜闌珊 | 난간에 부는 바람 차갑고, 밤에 간에 홀로 서 있자니 |
| 怕人尋問咽淚妝歡 | 행여 그 사연 물어볼까 눈물 삼키며 일부러 웃음 짓는다 |
| 瞞 瞞 瞞 | 속여야지, 속여야지, 내 마음까지 속여야지 |

당완의 채두봉(2)

사랑했던 사람과 헤어진 여자는 그 사랑했던 남자를 다시 만나면 마음속에 병이 든다.

남녀 간의 사랑이라는 것은 무엇일까. 왜 사랑은 가슴 아픈 것이고 그 가슴 아픔이 아름다움 되는 것일까? 비록 헤어졌지만 서로의 사랑을 확인하고자 하는 두 사람의 사랑. 당완은 마치 육유의 사랑 확인을 기다리기라도 했듯이 편지를 주고받은 다음 시름시름 앓다가 곧 죽고 만다. 아마 육유가 자신을 사랑하고 있다는 마음을 알게 됨이 오히려 그녀를 더욱 병들게 한 것이리라. 당완의 사망 소식을 들은 육유는 절망하여 쓸쓸한 나날을 보낸다.

그래도 시간은 무심히 흐른다. 어느덧 40년이라는 세월이 흘렀다. 육유는 여전히 당완을 잊지 못하고 그녀를 그리워한다. 그러던 어느 날 육유는 미친 듯이 그녀를 그리워하며 소흥의 심원을 찾았다. 그의 나이 이미 75세 백발이 된 그는 사무치는 그리움에 심원을 찾는다. 그녀와의 마지막 만났던 심원, 그곳에 가면 다시 한 번 그녀의 옛 모습을 볼 수 있을 것만 같은 생각을 하면서 육유는 그곳을 찾았다. 그러나 그곳에는 이미 자신이 담벼락에 써놓은 시구의 글자마저 이지러지고 있었다. 그렇지만 육유의 가슴 속에는 당완의 옛 모습이 뚜렷하게 떠올라 왔다. 이에 육유는 다시 시를 지어 그녀를 그리워했다.

城上斜陽畫角哀　석양의 성 위에 화각소리 애처로운데
沈園非復舊池台　심원은 다 그 옛날의 모습 아니로구나.
傷心橋下春波綠　다리 아래 푸른 봄 물빛에 마음 아파오니
曾是驚鴻照影來　예전 기러기 그림자 비춰 날아온 곳이구나

夢斷香消四十年　꿈이 깨어지고 향기 사라진 지 사십 년
沈園柳老不吹綿　심원은 버들도 늙어 버들 솜도 이젠 날리지 않는구나
此身行作稽山土　이 몸도 곧 회계산의 한 줌 흙이 되련마는
猶弔遺蹤一泫然　남은 자취 찾아보니 한 줄기 눈물만이 흘러내린다.

육유의 심원(沈園)에서

위 시 '심원'은 경원(慶元) 5년(1199) 봄, 육유가 75세 때 고향 산음(山陰)에서 44년 전 죽은 전처 당완을 애도한 시라고 전해진다. 사랑은 아픔과 그리움과 애절함, 그리고 또 다른 하나이다. 요즘 사람들은 이런 사랑을 할까? 아니 이런 사랑이 있다는 것을 알기나 할까? 사랑이 이렇다는 것을 알기나 할까? 사랑은 머리로 하는 것이 아니라 가슴으로 하는 것이라는 말을 실감하기나 할까? 이제 사랑마저도 과학적으로 분석하여 전두엽의 의식 기능이나 호르몬 분비 결과로 나타나는 현상이라는 지식의 일부가 되어버린 사랑. 하지만 한 때 사랑했었던 연인의 화답시가 화석처럼 사랑은 가슴으로 하는 것이라는 증거를 남기고 있다. 심원은 오늘날 저장성(浙江省) 사오싱시(紹興市)에 소재한다. 이곳 담장에는 육유와 당완의 시가 새겨져 있다고 한다.

마지막으로 육유의 시 가운데 가장 널리 알려진 시 한 수를 소개함으로 글을 맺고자 한다. 나이가 들어감을 치아가 흔들거리고 머리칼이 희어지는 것으로 나타낸 시이다.

髮已成絲齒半搖, 머리는 벌써 실처럼 희어지고 치아는 흔들리는데
燈殘香燼夜迢迢。 등잔불 향은 다하고 밤은 깊어만 간다.
天河不洗胸中恨, 은하수 물로도 가슴의 한을 씻어내지 못하건만
却賴檐頭雨滴消。 처마에서 떨어지는 빗방울 소리에 마음을 달래네.

육유의 청우(聽雨) 빗소리를 들으며

청우(聽雨)는 우국의 분위기와 서정시인으로서의 풍모가 충분히 드러난 시라는 평을 받는다. 은하수 물로도 씻어내리지 못하는 가슴의 한은 우국(憂國)의 마음일까, 아니면 사랑의 마음일까. 우국은 사랑의 이름 다름 아니리라.

| 수필 |

# 인도 길거리 치과의사의 공동 개원

한상국 (christbe)

어찌 되었든 말도 많고 탈도 많다. 사람 사는 세상이니 개개인의 취향도 다르고 세계관도 다르다. 그래서 선뜻 공동개원을 하고 나면 후회막급이다. 그래도 좀 마음으로나마 여유를 가지려면 공동개원이 제격이다. 바쁜 일상 속에서 마음과 시간적인 여유를 가지고, 서로에게 도움을 주기도 하고 도움을 받기도 하면서 진료활동을 하수 있으니 말이다. 물론 경제적 득실을 숙지하고 난 다음에야 말이다. 공동개원을 통해서도 제로 섬 게임의 이론은 유효하다. 두 마리 토끼를 다 잡으려면 두 마리를 다 놓치기 십상이다. 그런데도 우리나라 사람들은 언제나 두 마리를 쫓는다.

이 두 인도인들도 눈코 뜰 새 없이 바쁜 현대생활에 이력이 났다보다. 그래서 한숨 좀 돌리려 떡 하니 공동개원을 하고 나섰다. 사진을 살펴보

니 발치 기구들은 젊은 치과의사 무릎 언저리에 놓여 있다. 발치란 기술도 필요하지만 제법 힘도 있어야 한다. 아무래도 인도에서는 틀니가 대세이다. 나이 든 원장은 틀니, 젊은 원장은 발치와 크라운을 맡아 진료해 나갈 것이다. 틀니가 대세인 만큼 젊은 치과의사도 언젠가는 틀니를 만들 수 있어야 한다. 그러니 젊은 치과의사는 공동개원 동안 노익장에게 틀니 만드는 비법도 조금씩 배워나가야 할 것이다.

그렇지 않으면 젊은 치과의사는 페이 닥터일까? 그러고 보니 나이 든 원장실 자리가 좀 넓은 것 같다. 언제라도 원장이 그만두라면 그만 둘 수밖에 없는지, 젊은 치과의사 뒤쪽엔 페이 닥터들의 애환(?)이 서린 가방도 놓여 있다. 게다가 사진기를 들이대도 원장은 별 신경도 쓰지 않는데 부원장은 다소 긴장한 눈으로 카메라 렌즈를 응시 한다. 어디 그뿐인

가. 부원장실에 비하면 원장실이 훨씬 넓다. 자리도 안쪽 명당이다. 틀니를 만드는 도구인 듯한 기구들은 원장실 옆에 모두 놓여 있다.

아니면 혹시 세습은 아닐까? 힌두 어를 모르니 알 수 없지만 뒤에 간판은 이렇게 쓰여 있지는 않을까? '5대째 가업을 이어온 치과'라고. 잘 들여다보니 두 사람이 닮았다. 그러니 엉뚱한 상상이 영화를 만든다. 그래서 아들은 한 때 잘 나가는 컴퓨터 회사의 수석(首席) 프로그래머였으나 가업을 잇기 위해 돌아왔는지도 모른다. 하기야 북에서는 주석(主席)도 가업이고, 남에서는 대통령도 가업이고 목사도 세습이니 탓할 바야 없지만. 뭐, 오죽하면 '오바마'와 '모건 프리먼'을 놓고 "똑같네!"를 연발하시며 구분할 줄 모르시던 선친이셨으니, 내 눈썰미도 믿을 만한 것은 못 되지만.

2013년 3월 17일

| 수필 |

# 황태구이와 약밥

라임 (필명)

친정 엄마가 양손 가득 짐을 들고 집에 오셨다.

"뭘 이렇게 많이 가지고 왔어. 황태도 있네?"

"응, 아빠가 네가 해준 황태구이가 맛있다고 해 달래"

갑자기 화가 난다. 역시 아빠는 이기적이야. 바로 아빠에게 전화를 걸어 언성을 높인다.

"애 키우느라 힘들다고 틈날 때마다 쉬라고는 못해도 딸내미 도와주러 오는 엄마한테 아빠는 음식 만들어서 보내라고 재료 싸서 보냈어?"

어안이 벙벙하셨는지 아빠는 아무 말이 없다. 듣고 싶지도 않다. 그냥 전화를 끊어버렸다. 엄마 표정이 어둡다.

"왜? 내가 예민한 거야?"

"그러게. 조금 예민한 거 같아"

“예민하긴 뭐가 예민해!”

말없이 엄마와 함께 10개월 된 딸아이 노는 모습만 바라본다.

다시 아빠에게 전화를 걸어 죄송하다고 했다. 요즘 힘들어서인지 괜히 화가 났다고 짧게 얘기하고 끊었다. 의외로 아빠는 별말씀이 없으시다.

나도 참 많이 변했다싶다. 예전 같았으면 아빠에게 이렇게 성질부리지도 못 했을 텐데. 아줌마가 되더니 용감해졌나보다. 아빠가 화가 나서 아무말씀도 안하시는 걸까? 아빠 눈치를 본다. 표정이 어두운 엄마도 맘에 걸린다.

어렸을 때부터 우리 가족은 아빠 눈치를 보며 살았다. 아빠는 권위적이고 엄하셨다. 다정다감하기보다는 무섭고 어려웠다. 우리 형제는 어려서부터 아빠를 좋아하지 않았다. 가정적이지 않은 아빠 곁에서 엄마가 얼마나 외로웠을지 결혼하고 나니 엄마가 더 측은했다.

엄마는 항상 우리에게 그래도 너희 아빠라며 우리를 다독이곤 하셨다. 엄마가 마음 편하게 지내시는 것이 우리 형제의 가장 큰 바램이다. 그래서 평소 아빠에 대한 미움이나 원망을 드러내지 않으려한다. 하지만 그게 쉽지 않다. 나도 모르게 불쑥 화가 난다.

결국 황태를 양념에 재워 집을 나서는 엄마에게 싸서 드린다.

“엄마도 많이 먹어. 엄마도 먹고 싶은 거 있으면 꼭 얘기하구.”

“됐어. 난 먹는 거 좋아하지도 않아. 너나 잘 챙겨먹어.”

마음이 불편하다. 나 자신에게 화가 난다. 사람을 미워하는 일이란 정말 못할 짓이다. 마음이 이리 괴로우니. 하물며 아버지를 미워하는 꼴이란.

황태구이 일로 서먹해져 친정에 전화하는 것도 뜸해졌다. 그렇게 석 달 정도 지났나. 설 명절이 되어 오랜만에 친정에 갔다. 일흔이 넘도록 아픈 곳 없이 천년만년 사실 거 같았던 아빠가 부쩍 기력이 없어 보인다. 자글자글한 목주름이 눈에 들어온다. 손녀를 보시자 얼굴 가득 함박웃음이다. 그리고 내 얼굴을 보신다.

"힘든가보다. 많이 야윈 거 같다. 지난번에 네가 해준 황태구이는 맛있게 잘 먹었다. 고맙다."

순간 멍하다. 너무나 의외의 모습이다. 아빠의 따뜻한 말 한마디. 내가 얼마나 바랐던 것인가. 하지만 정작 그 순간이 되자 난 갑자기 기운이 빠지는 듯했다. 맥이 풀렸다. 이빨 빠진 호랑이란 게 이런 건가. 이빨만 빠진 게 아니다. 이젠 호랑이가 아니다.

그러고 보니 예전에 엄마가 했던 말이 생각난다.

"네 아빠도 이제 늙었어."

"늙긴 뭐가 늙어."

나도 참 미련하다. 다른 사람은 다 나이가 들어도 아빠는 그러지 않을 거 같았다. 몸에 기운은 떨어질지라도 언제까지고 우리에게 큰소리 내고 오기도 부릴 꺼라 생각했다. 오히려 나이 들어 어리광까지 부리시나 싶었다.

그런데 그날 본 아빠 모습은 달랐다. 집으로 돌아오는 내내 맘이 복잡

하다. 이상하다. 아빠가 측은하다. 서글프기도 하다. 차라리 화를 내는 게 낫다싶다. 철없이 덩달아 아빠에게 씩씩 거릴 때가 좋았다싶다. 사람이 갑자기 변했다 생각하니 덜컥 겁도 난다. 어쩌면 난 아빠를 미워하는 게 아니라 사랑을 갈구하고 있었던 건지도 모른다. 하지만 사랑해달라고 투정을 부리기에 아빠는 이미 작아져비렸다. 오히려 이젠 내가 보듬어야 할 만큼.

며칠 뒤 딸아이와 단둘이 친정 길에 나섰다. 아이 낳고 처음이다. 아빠가 좋아하시는 약밥을 만들었다. 만드는 내내 마음속에서 변덕을 수십 번 부렸다. 세월 앞에 약해진 아빠에게 괜히 화가 난다. 순간 이런 성질머리도 아빠한테 물려받았을 텐데 싶다. 웃음이 난다.

자식이 손녀 데리고 온다는 소식에 부모님은 들떠 계시는 듯 했다. 아빠가 딸아이 놀이상대 해주시는 모습이 볼만하다. 친정에 있으면서 이런 평화로움을 느껴본 적이 있었던가. 미움을 내려놓으니 행복이 그 자리를 채워준다.

| 수필 |

# 그저 그런 아침

코니아 (필명)

“동권아. 밥 먹고 가야지?”

집에서 학교까지는 총 30분이 걸린다. 집에서 나와서 지하철역까지 뛰어가면 15분, 지하철 10분, 역에서 교실까지 뛰어서 5분.

8시 45분까지 등교하지 않으면 교실 문을 잠근다는 학년대표의 말에 다른 날보다 일찍 일어나야 한다고 생각했지만, 오늘도 어김없이 눈뜨니 8시 20분이다.

눈을 뜨자마자 시계를 보고는 눈곱도 떼지 않고 옷부터 찾았다. 다행히 어제 동아리 모임에서 술을 한잔하고 들어와서 세탁기에 옷을 넣지 않고 침대 옆에 벗어놓았다. 부리나케 청바지 속으로 다리를 넣고 지퍼를 채웠다. 그 옆에 놓인 검정색 니트를 목으로 집어넣는 순간 어제 먹은 돼지갈비냄새와 담배냄새가 코 속으로 훅하고 들어온다. "젠장……." 오늘을 내가 조금 관심 있어 하는 은희 옆에는 가지 말아야겠다고 다짐한다.

주머니에 지갑이 있는 걸 확인하고는 "다녀오겠습니다." 만 외치고 사랑하는 엄마의 얼굴을 보지도 못한 채 운동화를 신고 현관문을 열었다. 시계를 보려고 휴대폰을 찾는 데 없다.

'꼭 하필 이런 날…….'

다시 문을 열려고 하는데 벌써 잠겨버렸다. 도어락을 열고 비밀번호를 얼른 누르고는 신발을 신은채로 현관 바로 옆인 내 방으로 들어가서 침대 베개 옆에 둔 휴대폰을 들고 나온다.

"몇 시지?"

지금 시간은 8시 25분이다. 눈길이 조금 위로 올라갔다. 충전을 시켜 놓지 않고 잠이 들어서 배터리가 한 칸도 남지 않았다. '등교할 때까지는 버텨줘야 할 텐데…….'

우리 집은 8층이다. 엘리베이터는 1층에 있다. 엘리베이터를 누르고 8층까지 올라오는데 24초 내려가는데 24초가 걸린다. 내가 뛰어 내려가면 한 층을 내려가는데 4초. 뛰어가는 것이 확실히 빠르다. 크게 숨을 한 번 들이쉰다. 초가을의 적당히 차가운 공기가 내 코를 지나 폐 속으로 들어온다. 이 기분은 언제 느껴도 상쾌하다. 출발!

열심히 뛰어 4층쯤 내려왔을 때 갑자기 오른쪽 머리 위에서 "너 대학생이야. 지각 좀 하면 어때?" 라는 검은 옷을 입은 악마의 속삭임이 들린다. 그러자 왼쪽 머리 위에서 "아니야. 학생이 본분을 지켜야지?" 라는 하얀 옷의 천사의 속삭임이 다시 들린다. 1층에 도달했을 때 난 결론을 내린다. "뛰자."

지하철역까지는 뛰어서 10분 거리. 이건 평소의 얘기다. 타이밍 잘 맞춰서 신호등 잘 걸리면 4분 안에 도착 가능하다. 나는 지금 100m 출발선에 선 우사인 볼트보다 비장한 마음일 것이다. 달리는 도중 자동차도 피해야 한다. 미끄러운 길에서 넘어져도 안 된다. 그리고는 힘차게 달리기 시작한다. 일어나서는 좀 어긋나더니 달리는 길에서는 내가 마치 다이하드의 주인공 브루스 윌리스가 된 것 같다. 어떻게 이렇게 날렵한가. 어떻게 이렇게 우연이 겹쳐 횡단보도 신호등도 도와주는가. 지하철역 입구에 도착해서 휴대폰을 꺼내 들었다. 배터리가 없다며 껌뻑거리는 불빛 아래의 시간은 8시 31분. 이제부터가 진짜다. 지하철을 바로 타야 한다. 내려갔는데 지하철의 뒷모습을 본다면 오늘의 고생은 다 허사가 된다. 계단을 두 칸씩 성큼성큼 뛰어 내려가 쇼트트랙 선수보다 멋지게 왼쪽 코너링을 하면서 청바지에서 지갑을 꺼낸다. 다시 왼쪽 코너링을 하면 게이트가 있다. "삑" 역시 능숙하게 한 박자도 어긋나지 않고 게이트를 들어와 다시 계단을 내려가는데 "삐리리리리리. 지금 열차가 들어오고 있습니다." 라는 안내소리가 들린다. '하늘은 스스로 돕는 자를 돕는다고 했던가.'

지하철에 몸을 싣고 휴대폰을 꺼내 시간을 보니 8시 32분. 잘하면 제시간에 들어갈 수도 있겠다는 생각이 든다. 온몸에서 땀이 난다. 옆에 있던 긴 생머리의 여자는 자기 머리에 내 니트의 돼지갈비 냄새와 담배 냄새와 땀 냄새가 섞인 오묘한 냄새가 배일까 자리를 슬금슬금 옮긴다. 지하철을 타고 생각해보니 아침에 세수도 양치질도 안 했고 머리도 안 감았다.

지하철역 문 유리에 비친 나는 그냥 기지다. 이래 보여도 내년엔 무려 원내생이 되는데 말이다. 원내생이 되면 수업도 적어지고 환자도 볼 수 있을 것이고, 무엇보다 중요한 건 후배들에게 이 말을 할 수 있다는 것이다.

"내가 누군지 알아? 원내생이야."

원내생 선배들이 저녁 동아리 모임에 바쁘다며 가운을 입고 가끔 나타나 마법의 통장이라는 마이너스 통장 체크카드로 결제해 주는 모습이 너무 멋져 보였다.

이런 생각을 하는데 뒤통수에 싸늘한 시선이 느껴진다. 돌아보니 임상 실습 때마다 날 그렇게나 괴롭히던 보철과 2년차 '제비' 다. 왜 제비냐고? 조금이라도 괜찮은 여자들은 무조건 점수를 잘 준다. 저렇게라도 한 명 건져보려는 노력이 가상하다고 별명이 제비가 되었다. 난 고개를 살짝 숙이며 인사를 했다. 손가락을 까딱거리는 것이 자기 쪽으로 오라는 얘기 같다. 난 알아들었다는 듯 고개를 까딱하고는 휴대폰을 꺼내 들어 전화가 온 척을 했다.

'젠장, 배터리가 나갔군'

남은 정거장 두 개. 한정거장은 전화하는 척 나머지 한 정거장은 가서 약간 대화하고 늦었다며 뛰어갈 계획이다. 정거장에 정차한 후 열차가 떠나는 순간 난 전화를 주머니에 집어넣고 제비에게 다가갔다.

"학교 가시나 봐요?"

"학교가 아니라 출근이다."

이 인간은 태생 자체가 남자한테는 사사건건 시비다.

"네……. 평소에 이 시간에 출근하세요?"

제비의 출근 시간을 알아내서 다시는 오늘처럼 같이 타지 않을 생각이다.

"아홉 시까지 간다. 야. 요즘 은희는 잘 있냐? 남자친구 생긴 건 아니지?"

이놈이 아침부터 뛰어와서 심하게 쿵쾅거리는 내 심장에 기름을 퍼붓는다. 내 가슴이 활활 타오르고 이놈의 면상에 침을 뱉고 싶지만 그럴 수 없다.

"없는 것 같던데요."

다행히 열차의 정차 안내 방송이 나오고 난 제비에게 늦어서 뛰어야 한다는 말을 남긴 채 문 앞에 섰다. 휴대폰도 꺼졌다. 무조건 달려야 한다.

난 이별 후에 슬픔을 이기기 위해 운동장을 달리는 마음으로 달렸다. 그리고 오늘은 은희에게 고백을 할까 고민한다.

'아…….오늘 내 몰골이 말이 아니지.'

미친 듯이 뛰어 교실에 도착했을 때는 교실문도 잠기지 않았고 동기들은 아침에 칠 쪽지 시험예상 문제를 서로 의논하고 있었다.

숨을 헐떡거리며 자리에 앉아 정신을 추스르고 있는데, “커피 마시고 숨 좀 돌려.” 라는 소리가 들린다. 고개를 들어보니 은희가 날 보고 웃고 있다.

이렇게 몇 년 지나고 보면 아무것도 아닌 일상이 또 하루 지나간다.

| 소설 |

# 인연

디망쉬 (필명)

2012년 7월 26일 PM 4:55

"미희야 강의 끝나고 뭐 할 거야?"

미희는 시계를 보았다. 그녀는 지난봄에 군에 입대한 지석이를 만날 생각에 들떠있었다.

"응? 나 공항 가야 해."

지석이는 7시에 김해공항에 도착한다고 했다. 이제 곧 강의가 끝나면 부리나케 집으로 가서 옷을 갈아입고 공항으로 갈 계획이었다. 교수님이 강의를 마치겠다는 말씀을 하신다.

미희는 매점을 가기 위해 종치자마자 교실을 뛰어나가는 남자 고등학생처럼 강의실을 빠져나왔다. 한여름의 따뜻한 햇살이 한 움큼 미희의 얼굴을 비춰준다. 한여름이지만 바람이 살랑 불어 쾌청하게 느껴졌다.

미희는 뮤지컬 배우가 된 것 마냥 가벼운 발걸음을 내디뎌 버스 정류장으로 향했다. 세 걸음쯤 걸었을 때 전화벨이 울렸다.

"엄마. 왜?"

"미희. 너 어디니?"

미희의 엄마는 미희를 19살에 낳았나. 미희의 엄마는 버릇처럼 미희에게 '넌 나처럼 살면 안 돼' 라고 말을 했다. 미희는 자식만큼은 미혼모로 만들 수 없다는 엄마의 성화에 25살이 넘어 연예하기로 엄마와 약속을 했다. 그래서 미희는 지석이의 존재를 엄마에게 비밀로 했다.

"응. 친구들이랑 저녁 먹으러 가려고."

"엄마는 잠깐 일이 있어서 외출하니까 일찍 들어와서 집 좀 보렴."

"응. 잘 다녀오세요."

미희는 속으로 '앗싸!' 를 외쳤다. 엄마가 늦으신다니 지석이랑 좀 더 같이 있을 수 있을 것이라 생각했다. 미희는 다시 발걸음을 옮겼다. 버스정류장에 거의 도착했을 무렵. 한 대밖에 없는 집으로 가는 버스가 정차하는 것이 보였다. 미희는 하이힐을 신고 뛰었다. 아침에 운동화를 신고 나가려다 고쳐 신은 것이 생각났다. 미희는 열심히 뛰었다. 하지만 야속한 버스는 뒷모습만을 보여준 채 회색빛 매연만을 뿜어냈다.

"아……. 엄마 전화만 아니었어도 탔는데……."

좀 전까지 따뜻했던 햇살은 이제 내 등을 적시는 땀의 근원이 되었다.

'아. 짜증나'

미희가 그런 생각을 하고 있을 때 왼쪽 오르막길에서 검정색 세단이 굉음을 내며 빠른 속도로 내려오고 있었고 미희 앞으로 길을 건너는 중년의 한 남자가 보였다.

남자는 오른손으로 왼쪽 가슴을 움켜쥐고 힘겹게 걸음을 걷고 있었다.

"어……어……어……."

'쾅'

미희는 그 순간이 아주 길게 느껴졌다. 시간이 갑자기 천천히 흘렀다. 검정색 세단 뒷좌석에 고릴라처럼 생긴 한 남자와 아주 잠깐 눈이 마주쳤다. 그리고 시간은 다시 빨라졌다. 검정색 세단은 그 남자를 치고는 멈추지 않고 빠르게 달려 내려갔고 그 남자는 차에 치인 뒤 공중에 붕 떴다가 미희 앞으로 떨어졌다. 남자는 너무 많은 피를 흘리고 있었다. 미희는 무섭다는 생각이 들었다. 갑자기 구역질이 올라왔다. 피 냄새는 결코 좋지 않았다. 갑자기 주위는 고요해졌고 미희는 어떻게 해야 할지 몰랐다. 고개를 돌려봐도 사람이 보이질 않았다. 미희는 자신도 모르게 119를 눌렀다.

'아……. 엄마 전화만 아니었어도…….'

**2012년 7월 26일 PM 3:30**

김 사장이 눈을 떴을 때는 컴컴하고 습한 어느 창고였다.

"돈을 빌렸으면 갚아야지. 남의 돈 쓰고 모른 척하면 되겠습니까? 안 그래요? 김 사장님?"

"일주일만 시간을 주세요. 제가 일주일 뒤에 대금 받을 게 있는데 바로 드리겠습니다."

"대금? 푸하하하하. 김 사장님. 사업 부도나신 게 일 년도 넘었는데 무슨 대금 말씀하십니까?

우리가 기다려 드린 게 한 달입니다. 31일. 이제 더 기다리기는 힘들지요. 따님이 대학생이라고 했나요? 전에 보니까 키도 크고 예쁘던데. 강남 룸살롱에 따님 넘기시면 삼천만 원 정도는 받으실 수 있을 겁니다. 따님도 좋은 직장에서 돈도 많이 벌 수 있을 테고……. 제가 따님 데리러 갈게요. 깔끔하잖아요? "

"이 새끼가? 누굴 건드린다고? 헉."

김 사장은 누군가 내리치는 각목에 맞아 고꾸라졌다. 어깨가 부서지는 것 같았다.

"그게 싫으시면 죽어서 보험금이라도 타서 돈을 갚으라고. 우리가 알아보니까 김 사장님 생명보험 가입되어 있으시던데…….은혜를 입었으면 죽어서라도 갚아야지."

"형님. 오늘까지 저희도 삼천을……."

"됐어. 일단 내 돈으로 넣고 나중에 이놈 목숨 값으로 받으면 된다."

김 사장은 아무 말을 하지 못했다.

"김 사장님. 대답이 없으시네. 애들아 대답하실 때까지 마사지 좀 해드려라."

'퍽, 퍽'

“잠깐, 잠깐…….”

내리치던 각목이 멈췄다. 온몸이 찢어지는 것 같았다.

‘그래 어차피 이렇게 된 거 죽자. 죽어.’

김 사장은 인상부터 고릴라처럼 생긴 사채업자를 보며 죽어버려야겠다고 생각했다.

지금껏 하나 있는 딸 부양한다고 개고생한 자신의 처지가 너무 처량하게 느껴지고 연민이 느껴졌다. 살아온 날들이 허무하게 느껴졌다.

“박 사장. 내 부탁이 있소. 내가 죽으면 1억 정도 나올게요. 그중에 내가 치를 대금 빼고 칠천만 원은 우리 딸에게 주시오.”

“김 사장님. 우리 애들 밥은 사 먹여야 하지 않겠습니까? 그리고 나도 대금이 늦어지는 만큼 이자도 받아야 하고……. 오천만 원은 내 꼭 따님께 전달해 드리리다. 싫으면 따님 넘기시고…….”

김 사장은 그렇게 하겠다고 대답했다.

그렇게 하지 않으면 다른 선택의 방법이 없었다. 그것이 유일한 방법인 것 같았다.

김 사장은 그렇게 죽기로 마음먹고 덩치 큰 두 명의 남자에게 이끌려 길을 나섰고 인적이 드문 어느 길로 들어섰다.

“김 사장님 간단합니다. 우리 차가 저 위에서 내려오면, 사장님은 길을 건너시면 됩니다.”

김 사장은 그렇게 버스정류장 맞은편에 섰다. 마침 저 위에서 버스 한 대가 내려오고 있었다.

'저 버스가 지나가고 나면 난 이제 죽는구나……. "

김 사장은 왼쪽 가슴주머니 깊숙이 넣어놓은 편지를 확인했다. 오른손으로 그 편지를 꼭 움켜쥐었다.

'이 편지가 우리 딸에게 전해질 수 있을까?'

버스가 지나갔다. 김 사장은 무겁게 한발 한발 내디뎠다.

사채업자 박 사장은 사람이 없는 걸 확인하고는 지시했다.

"밟아."

차는 시속 100km가 되었다. 김 사장이 차에 치이기 직전 사채업자 박 사장은 오른쪽에 한 여자가 숨을 헐떡이며 서 있는걸 보았다. 그 여자와 눈이 마주쳤다.

"젠장…….야! 그냥 지나가 버려."

차는 중년의 남성을 하늘로 날려 보낸 채 가던 길을 계속 갔다.

2012년 7월 26일 PM 5:30

지석이는 김포공항에 도착했다. 화천에서 춘천으로 와서 버스를 타고 강변 버스 터미널로 와서 드디어 김포공항에 도착했다.

'음…….얼마 만에 느끼는 자유냐.'

지석이는 아직 군복이 많이 어색했다. 모자에 붙은 이등병 마크가 왠지 부끄럽게 느껴졌고 세상 사람들이 다 자기를 쳐다보며 동정하는 것 같았다. 지석이는 공중전화로 다가갔다. 동전을 꺼내 미희에게 전화를 했다.

미희는 전화를 받지 않았다.

'자식. 공항에서 깜짝 놀라게 해주려고 일부러 안 받는 거 다 알고 있어.'

신호가 가는 동안 머릿속으로 저녁 스케줄을 확인했다.

'저녁예약 했고, 영화 예매했고, 호텔에 이벤트도 신청해놨지. 오케이.'

지석이는 나중에 어떻게 놀라는 척해줄까 고민하며 수화기를 내려놓았다.

공항 밖으로 보이는 풍경은 '넌 이제 자유야.' 라고 말하고 있었다.

지석이는 잠시 후 비행기에 몸을 실었다. 지석이는 신문을 펼쳤다. 사회면에 마약 거래에 관한 기사가 실렸다.

"최근 마약 단속이 심해지고 있어 거래에도 다양한 방법이 시도 되고 있다. 최근 적발된 마약 밀수 조직은 카메라나 노트북 같은 고가의 가전제품 속에 마약을 숨기고 그 밀매를 시도한다. 전자제품 속에는 마약견을 피할 수 있도록 냄새가 나지 않게 하는 장치와 x-ray 촬영 시 들키지 않도록 납판을 대는 등 그 수법은 날로 진화하고 있다."

세상은 그대로였다. 지석이가 없던 백여 일 동안 바뀐 것은 없었다. 여전히 범죄와 약탈이 넘쳐나는 세상이었다. 하지만 지석이는 생각했다.

'괜찮아. 나에게는 그녀가 있으니까.'

신문을 다 읽고 난 후 음료를 서비스해주는 예쁜 미소의 스튜어디스를 보았다.

'저 스튜어디스보다 우리 미희 몸매가 더 좋은 것 같아. 히.'

잠시 후 비행기는 김해공항에 도착했고 지석이는 출구로 나왔다. 어떻게 놀랄까 계속 고민하고 나오면서 연기가 좋아야 할 텐데 라고 걱정이 되었다. 하지만 미희는 나오지 않았다.

'응? 뭐지? 어제까지는 공항에 나온다더니…….어디 숨었나?'

지석이는 다시 공중전화로 가서 미희에게 전화를 걸었다. 그리고 전화하는 동안 뒤에서 미희가 '짠' 하고 나타날 것 같아 계속 뒤를 힐끔거렸다. 하지만 미희는 전화를 받지 않았다. 한참 동안 신호가 울렸지만, 전화를 받지 않았다. 지석이는 서운한 마음을 뒤로한 채 수화기를 내려놓았다. 그리고 뒤를 도는데 한 여성과 부딪혔다. 그 여자는 30대 후반으로 보이는 꽤 세련된 얼굴과 어울리지 않는 분홍색 원피스를 입고 있었고, 그 옷이 보이고 난 후 발밑에서 '빠직' 하는 소리를 들었다. 바닥에는 꽤 비싸 보이는 렌즈를 부착한 DSLR 한 대가 깨어진 채 뒹굴고 있었다.

"이를 어째."

여자는 눈물을 그렁그렁하며 카메라를 만졌다.

"죄송합니다. 어떡하지? 제가 어떻게 보상을 하면 될까요?"

"제가 지금 약속이 있어서 가봐야 하는데…….아 맞다."

지석이는 얼른 수첩을 꺼내 한 장 찢고는 무언가를 적었다.

"여기 제 휴대전화번호입니다. 제가 지금 집으로 가면 8시쯤엔 전화를 받을 수 있습니다. 그쪽으로 연락 주시면 제가 카메라값을 변상하겠습니다. 죄송합니다. 죄송합니다."

지석이는 분홍색 원피스를 입은 여자에게 연락처를 건네고는 혹시 미희가 없는지 주위를 살폈지만, 미희는 보이지 않았다. 시계는 7시 15분을 가리키고 있었다.

지석이는 섭섭한 마음이 들었지만 일단 집으로 가서 휴대전화를 챙기기로 했다.

'휴대폰에는 미희가 못 나온 이유가 문자로 와있겠지.'

**2012년 7월 25일 PM6:30**

사채업자 박 사장은 전화를 받고 있었다.

"박 사장. 물건을 받고 싶으면 돈을 먼저 지불 해야지. 이 바닥에 물건부터 주는 법은 없어."

"최 마담. 내가 내일 삼천만 원을 받기로 했거든. 내일 물건 보내 그럼 내가 받자마자 보낼게."

"박 사장. 우리 하루 이틀 거래한 사이는 아니지만, 이 바닥에서 서로 믿기는 힘들어. 내일 공항으로 사람을 보낼 거야. 공항에서 바로 거래하자고"

"최 마담. 공항은 너무 위험해. 마약견들도 많고."

"박 사장. 장사 하루 이틀 하나? 다 조치를 취해 놓을 테니 공항으로 나와. 등잔 밑이 어둡다는 거 몰라? 거기가 제일 소란도 없을 최적의 장

소야.”

“알겠어. 몇 시까지 나가면 되나?”

“내일 저녁 7시까지 김해공항 국내선 청사에서 봐. 6시에 국제선으로 물건이 들어올 거고 우리 정 실장이 물건 운반해서 국내선 청사로 갈 거야. 정 실장 알지? 그 왜 예쁘장하게 생긴 아줌마.”

2012년 7월 26일 PM7:50

“엄마!”

지석이는 오랜만에 오는 집이라 더할 나위 없이 좋았다. 엄마랑 인사를 한 후 휴대폰을 챙겨서 미희에게 달려가야 하겠다고 생각을 했다.

“아이고. 우리 새끼. 건강했어? 왜 이렇게 야위었냐? 밥을 잘 안 줘? 우리 강아지 뭐 먹고 싶어?”

“이 엄마가 왜 이러실까? 엄마 내 휴대폰 충전해놨지?”

“응. 왜 나가려고? 저녁은 먹고 가야지?”

“아니야, 아니야…….엄마 그리고 나 사실은 오다가 사고를 좀 쳐서 한 이백만 원 정도 필요한데…….”

“놀려고 그러는 거 아니고?”

“아니야 진짜 사고 쳐서 돈 물어줘야 할 일이 생겨서…….”

“무슨 일인데 휴가 나오자마자 사고야?”

그때 갑자기 지석이 엄마의 휴대폰이 울렸다.

“지석아. 엄마 지갑에 수표 있을 거다. 가지고 나가.”

"응 엄마. 우리 엄마 최고."

지석은 얼른 옷을 갈아입고 돈을 챙겨 들고 예약해놓은 식당에 예약을 한 시간만 미뤄달라고 전화를 하기 위해 휴대폰을 꺼냈다. 그리고 신호를 기다리며 구두를 신는데 엄마의 격양된 통화소리가 들렸다.

"그래서 박 사장이 안 나왔어? 정 실장은? 여태 기다렸다고? 물건은? 포장이 깨졌다고? 포장만 그런 거야? 알았어. 퇴근하도록 해."

**2012년 7월 26일 PM5:30**

응급구조대가 도착했다. 그들은 도착하면서부터 큰 사이렌을 울려댔다. 덕분에 아무도 없던 이 길에 사람들이 모이기 시작했다. 응급구조사들은 피 흘리는 중년남성을 차에 태우고는 보호자가 필요하다며 일단 미희를 앰뷸런스에 태웠다. 앰뷸런스의 소리는 너무 커서 휴대폰의 벨소리도 들리지 않았다. 미희는 앰뷸런스에 타고 있는 동안 너무 무서웠다. 그렇게 피를 많이 흘리는 사람은 처음 보았다. 이 남자가 죽으면 자신의 책임이라는 생각이 들었다. 응급구조사들은 재빠른 손놀림으로 혈액검사를 하더니

"큰일이야 RH-O형이야. 부산대학병원에 전화해서 피 있는지 물어봐!"

미희는 놀랐다. 미희는 자신이 이 사람과 함께 이 앰뷸런스를 탄 건 우연이 아니라 인연 같다는 생각이 들었다.

"팀장님. 지금 당장은 혈액이 없답니다. 구하려면 한 시간 이상 걸린

다는데요."

"저기…….제가 RH-O형인데……."

"그래요? 하늘이 도왔네. 바로 토성동으로 가자."

병원에 도착하자마자 간호사들은 미희를 응급실 침상에 앉히고 몇 가지 간단한 질문을 했다. 그리고는 곧바로 수혈 준비를 시작했다.

옆자리의 중년남성에게는 의사와 간호사의 응급처치가 시작되었다. 잠시 후 나의 오른쪽 팔에 바늘이 꽂혔고 그 남자의 왼쪽 팔에 또 다른 끝이 꽂혔다. 호스를 타고 빨간 피가 나에게서 그로 옮겨갔다. 얼마나 지났을까? 나는 졸음이 왔다. 저기 놓아둔 핸드백에서 휴대폰이 울리지만 지금 이 호스를 뽑고 전화를 받으러 갈 수는 없다. 시계를 보니 7시 10분이다.

이제 고비는 넘겼다는 의사의 소리가 들렸다. 미희는 마치 사람을 살린 영웅 같은 느낌을 받았다. 아직 남자는 의식이 없는 상태였다.

상황이 진정되자 병원은 환자의 신분파악과 수납에 열을 올리기 시작했다. 환자의 주머니에선 지갑 대신 꼬깃꼬깃 접힌 한 장의 편지만이 있을 뿐이었다. 병원에서는 환자의 신분을 알 방법이 없어 경찰에 신고하기로 결정했다. 보호자의 신분으로 수혈한 미희에게는 수납의 의무가 주어졌다. 미희는 짜증나는 마음으로 엄마에게 전화했다.

'이놈의 나라는 남을 도와줘도 피곤한 나라야.'

"엄마 어디야? 어디라고? 토성동 부산대학병원으로 빨리 와줘. 아, 몰라."

미희는 전화를 끊고 지석이에게 전화를 했다.

지석이에게 사정을 얘기하자 지석이는 잘했다며 괜찮다고 병원으로 온다고 했다.

'휴가 나온 지석이를 만나는 곳이 하필 왜 병원이야. 엄마 전화만 아니었으면…….'

2012년 7월 26일 PM8:45

"미희야! "

지석이가 들어왔다. 미희는 지석이의 까맣게 탄 얼굴이 섹시하다고 생각했다.

"미희야 이제 나갈 수 있는 거야?"

"엄마가 와서 수납만 하면 갈 거야. 이참에 울 엄마한테 인사나 하고 가라."

"야. 너 25살까지 연애하면 안 된다며?"

"몰라. 그런 게 어디 있어. 그냥 하면 되지. 몰라."

"아……미희야 잠시만 전화가 들어와서…….누구지? 여보세요?"

지석이는 전화기를 들고 잠시 응급실 밖으로 나갔다.

몇 초나 지났을까…….미희의 엄마가 응급실로 들어왔다. 엄마는 전화기를 손에 들고 있었고, 다른 한 손에는 수표 두 장을 쥐고 있었다.

"미희야!"

"엄마! 얼른 수납하고 나가자. 내가 소개해줄……."

"여보"

미희는 놀랐다. 엄마의 입에서 여보라는 단어가 나올 것이라고는 상상도 하지 못했다.

잠시 후 지석이가 들어왔다.

"어? 아줌마 여기에 무슨 일로……?"

"아줌마라니 우리 엄마랑 아는 사이야?"

미희 엄마는 놀란 얼굴이 붉게 변해 입고 있던 분홍 원피스색깔이 되었다.

그리고 밖에서 시끄러운 소리가 들렸다.

"김 사장 교통사고 당했다며?"

시끄러운 소리에 다들 응급실 입구를 쳐다보았다.

제일 먼저 지석이가 입을 뗐다.

"박 사장 아저씨……."

미희의 엄마가 놀란 듯이 입을 열었다.

"박 사장 자네가 어떻게……."

"정 실장은 여기 어쩐 일이야? 지석이 넌 여기 왜있고? 그나저나 김 사장은 죽었냐? 살았냐?"

사채업자 박 사장은 자신은 이 일에 아무 관련이 없다는 듯 들어왔다.

미희는 혼란스러웠다.

미희는 기억했다. 검은 세단 뒷자리에 앉아있던 그 남자를.

'아빠를 친 사람…….근데 저 사람이 내 아빠야?'

미희는 생각했다.

'갑자기 나타난 아빠라니? 이게 뭐야…….그 때 엄마가 전화만 하지 않았더라면…….'

Dear
my daughter
SH

## 그 남자의 편지

사랑하는 나의 딸아.

너를 못 본 지도 21년이 되었구나.

네가 태어나던 날 너의 엄마는 감옥에 수감이 되었었구나.

나는 널 외할머니에게 맡기고 리비아로 돈을 벌기 위해 떠났었다.

나는 너의 외할머니에게 내가 버는 돈의 절반 정도를 보냈단다.

그 이유는 하나였다. 바로 너였지.

1년 뒤, 네 엄마가 출소했고 난 1년 동안 모아둔 돈을 네 엄마에게 보냈다.

그리고 네 엄마는 그 돈으로 지금 네가 아마도 살고 있는 그 집을 샀을 거다.

비록 낡고 초라한 집이지만 그 집이 아빠라고 생각했으면 좋겠다.

엄마에게 계속 너의 소식은 듣고 있었다.

너의 사진을 매일 보면서 하루하루 살았다.

아빠는 매달 네 엄마에게 돈을 보냈다. 아빠는 돈이 필요 없었단다.

네가 세상을 살면서 돈 때문에 아파하지 않기를 바랐다. 그래서 아빠는 네가 너무너무 보고 싶었지만 차마 네 앞에는 서지 못하고 그렇게 돈으로만 마음을 전했었구나.

네가 대학을 가고 등록금이 모자란다고 네 엄마에게 전화가 왔었다.

아빠가 하던 사업은 이미 부도가 났고 나는 겨우 입에 풀칠할 정도로 살고 있었다. 아빠는 어쩔 수 없이 사채를 쓰게 되었단다. 그리고 지금은 그들에게 쫓기는 신세가 되었다. 네가 이 편지를 볼 때 즈음엔 아빠는 세상 사람이 아닐 수도 있겠지.

사랑하는 우리 딸.

아빠가 마지막에도 돈 얘기만 했구나.

그게 내가 해 줄 수 있는 유일한 사랑의 표현이었는지도 모른다.

아빠는 너를 너무너무 사랑한단다.

이렇게밖에 못하는 아빠를 용서하길 바란다.

아빠 없이 자라게 해서 미안하다.

사랑한다. 우리 딸!

| 사회 · 경제 · 정치 |

# 최재천 교수 VS 제러미 리프킨

김혁수 (kdens)

유러피언 드림을 비롯하여 근자에 3차 산업혁명까지 경제사상가 제러미 리프킨의 저서에서 이야기되는 핵심이 무엇이냐? 통섭적(統攝的) 사고를 하라는 것이다. 경제라고 애덤 스미스만 좇지 말고, 경영이라고 드러커만 좇지 말고, 과학이라고 아인슈타인만 좇지 말고……. 세상 만물 모두 연결 속에서/신영복 선생이 이야기하는 관계망 속에서 의미를 찾자는 것이다. 그것이 정답이다. 시공은 직조된 직물과 같다. 씨줄과 날줄이 시간과 공간이다. 우리는 어떤 스틸 컷을 찍어놓고 그것을 존재라고 규정하는데, 이 방식 자체가 낡았다는 것이다. 인생사 동영상 이란 것이다. 동영상 자체는 존재라 규정하기에는 너무 적분화된 실체이다. 결국 그런 연결 선상(上)에서 인생의 의미를 추적해가는 과정이 중요하다는 것이다.

제러미 리프킨은 만물을 열역학의 척도로 본다. 이거 굉장히 유용한 프레임이라고 생각한다. 전체 엔트로피 총량을 단기간에 너무 무서울 정도로 늘려놓은 인간이 이제 전체 지구환경이라는 측면에서 응징을 받아야 할 시기가 무척이나 빨리 도래할 것이기에……. 전체 '지구생물권' 적인 차원으로 세상과 소통해야 살아남을 수 있다는 것이 바로 3차 산업혁명의 핵심이다. 그래서 통섭이 긴요하다. 융합이 필요하다. 환원론적 세계에서 다시 통합의 시대로 나가는 것이 세계적인 추세다. 이건 추세를 넘어 인간의 멸종이냐 아니냐를 놓고 벌이는, 치킨 게임이 되어버린 것이다. 그렇기에 추세라는 단어조차 무색하다. 그냥 무조건 당위다. 그래야 살아남으니까…….

그러하여 리프킨이 그렇게 유럽을 애지중지하며 유럽 사랑을 외치는 본질이 무엇인가? 유럽은 3차 산업혁명에 대한 준비를 빨리 시작했다는 것이다. 지정학적 포지션/ 국가 간 구도/ 사회적 인프라 등 여러 요소로 명확한 위기와 기회를 포착/ 빠른 행동 개시를 보이는 유럽을, 리프킨은 무척이나 부러워하는 것이다. 그는 미국인이다. 미국인이기 때문에 당연히 미국이 그렇게 세계를 리드해 나가길 바라마지 않지만……. 그도 미국이 저녁노을처럼 지고 있는 제국이라는 것을 직감하고 있는 것이다. 그래서 미래를 유럽에서 찾고, 유럽 부르짖고 있는 게 아니겠는가?

어차피 세계는 깨어나기 시작했다. 유럽부터 깨어나기 시작했다. 같이 살아야 한다는 자각 말이다. 너와 나를 구분하는 것의 무의미함에 대해 말이다. 세계와 내가 동떨어져 있다는 망상을 심어준, 2차 산업혁명 시스템의 몰 인간성에 대해 말이다. 지금의 우리에게는 1분 1초가 아깝다. 세계적 발전 속도는 눈이 휘둥그레질 정도로 빠르고, 유럽은 벌써 유러피언 드림을 넘어 지구생태권적 시각으로 발전 모색하고 있는데……. 우리는 화석연료 이후에 대한 대비가 거의 전무한 실정이다. 대략 난감이다.

아! 여기서 잠깐……. 리프킨이 그렇게 미국발(發) consilience 외치고 있을 때, 동북아 끝댕이에서 조용하게 과학과 인문 간 통섭의 시대를 강조하던 석학이 있었다. 그의 이름 '최재천' ……. 이화여대 석좌교수인 그는, 2차 산업시대 이후를 조용하고 묵직하며 날카로운 시선으로 관조하고 있었다. 사상의 지평선을 지구생태권적 시각으로 발돋움 시킬 수 있는, 낭만적 과학자가 대한민국에도 존재하였던 것이다. 리프킨이 경제사상가로서의 명성을 세계적으로 떨치고 있었다면, 최재천은 과학사상가로서 소리 없이 강한 포스를 내뿜고 있었다. 그는 국내에서 인문과 과학의 만남을 여러 저서를 통해 소개했던 장본인이자, 하버드 대학 교수이며 생물학계 세계적 권위자 '에드워드 윌슨' 의 제자이다.

consilience : 통섭/ 융합

이 영어 단어를 '통섭' 이라는 한자 용어로 최초 번역하여 온 사람이 바로 최재천 교수이다. 융합 혹은 통합이라는 단어가 아니라 굳이 '통섭(統攝)'이라는 어려운 용어를 채택한 이유가 무엇이냐? 원래 통섭이란 단어는 성리학/불교에서 '큰 줄기를 잡는다. 혹은 전체를 도맡아 다스린다.' 는 의미로 쓰이고 있었다. 이를 현대적으로 재고찰하여 신조어를 만든 공이 최재천 교수에게 있다. 그 철학적 의미가 무엇이냐? 단순히 무엇을 합친다는 것은 별로 섹시하지 않기 때문이다. 무엇과 무엇을 합쳐 더 낳은 무엇 혹은 총체적 시각을 획득하는 그 무엇으로 변증법적 발전의 의미를 내포하여야, 진정한 융합 혹은 통합의 의미기 생기는 것이다. 그런 깊은 의미까지 불어넣기 위해 최재천은 5년간의 노정을 통해 '통섭' 이라는 맛깔난 단어를 오늘에 되살려 낸 것이다.

최재천은 신작(新作) '다윈지능' 을 통해 제일 잘난 놈이 살아남아 번식한다는 이른바 최적자생존(survival of the fittest)과 적자생존(survival of the fitter) 2가지에 관련된 우리의 오해를 이야기한다. 최적자생존은 후대에 잘못 알려진 대표적인 다윈 상식이란 것이다. 적자생존이 Darwinism의 정수라는 것이다. '나가수' 를 예로 들며 꼴찌 한 명만 도태되고 나머지는 살아남는 구조……. 그것을 적자생존이라고 이야기한다. 그러하여 생명은 필연적으로 공존/공생/공감하며 살아갈 수밖에 없으며, 그 중 경쟁력이 떨어지는 소수의 개체들 불가피하게 도태된다는 것이 다위니즘의 핵심이라는 것이다.

그렇게 저 멀리 철퍼덕 앉아 망연자실하고 있는 사람들이 있다. 뒤돌아보매 저 멀리 낙오된 사람들 소 닭 쳐다보듯 할 수 없는 게 우리네 인심이 아니던가? 초코파이 '정(情)' 을 러시아에 날개 돋친 듯 팔고 있는 '精' 元祖국가로서의 전통과 체면을 생각해야 하지 않겠는가? 명색이 성리학의 정수를 꽃 피운 동방예의지국 / 4단 7정 / 측은지심을 쓰레기

통으로 투하할 수는 없지 않겠는가? 그러니 같이 가는 수밖에……. 서로의 차이를 인정하지 않는 시혜적 동정/ 동감은 필요 없다. 공존/공생/공감으로 착종하는 것이다. 같이 가는 것이다. 같은 눈높이로 서로의 차이를 존중하면서…….

최재천 교수의 homo symbious/ 제러미 리프킨의 homo emphaticus는 그렇게 함께 만나는 것이다. 인류 사상의 종 다양성도 결국 통섭으로 수렴 진화하는 것이다. 그리고선 보편에서 특수로 연역하는 것이다. 결국 다위니즘의 핵심은 이것이 아닐까? '나는 나고……. 너는 너다. 그러니 나는 나답게 너는 너답게 살자. 그렇게 시작하여 나는 네가 되고 너는 내가 되자. 그러하면 결코 우린 '독고다이' 가 아니다. 쫄지 마! 끝.'

| 편지 |

# 기억이 추억되어

코르도바 (필명)

'우린 떠난 뒤의 삶도 책임져야만 하네.

내가 떠나온 사람들에게 어떤 기억이 될까?'

'나라는 사람과 함께 해준 이들의 기억들이

좋은 추억이 되어 작은 행복을 주었으면'

– 함부영 1집 '기억이 추억되어' 라는 노래의 가사 중에서…….

이 노래를 들을 때마다 언젠가 내가 떠나고도 흘러갈 이 세상에 대해 이 노래가사처럼 진지하게 묵상하게 됩니다.

제 지나친 욕심일지도 모르지만,
나의 인생 여정에 만나왔던, 그리고 만나게 될 모든 사람들,
그 중 또 내가 없는 이 세상에 남겨질 사람들이,
내가 없는 삶의 어느 날,
문득 내 이름과 얼굴이 떠오를 때,
애틋해하고, 행복에 젖으며, 그리워해주면
감사하겠다는 생각이 듭니다.

내 이름을, 내 얼굴을 떠올리며
오히려 마음이 어지럽거나 심란한 것이 아닌,
비록 허물이 많은 사람으로 기억될지 몰라도
옅은 미소 지으며,
'꼭 한번 다시 보고 싶다'
생각이 든다면 좋겠습니다.

나 살아있는 동안, 오늘 주어진 호흡으로
깊이 섬기는 것을 게을리하지 않는 삶이 되길 소망합니다.

'우린 떠난 뒤의 삶도 책임져야만 하네.
내가 떠나온 사람들에게 어떤 기억이 될까'

죽으면 그만이라는 생각이 아닌,

언제 떠날지 모르는 인생, 내가 없는 이 세상에 남겨질 사람들을 위해

여전히 나는 따뜻한 말 한마디, 미소하나 인색하지만…….

오늘 하루도 만나는 모든 사람들,

그리고 고마운, 소중한 사람들을 섬기며 기도하는 삶이 되길 소망합니다.

2012년 12월 11일.

20대의 마지막 달을 보내며…….

| 편지 |

# 닻을 올리고, 돛을 펼쳤으나 바람이 불지 않아 안타까워하는 분들께…….

코르도바 (필명)

우리는 항해 중이지요 각자의 배를 끌고

닻을 올리고 돛을 펼쳐서 바람만 불면 어디든지 갈 수 있습니다.

하지만 어떤 배는 항해할 준비가 다 되어 있는데도
당장 움직이지 않아 안타까워합니다.
…… 또한 항구를 빠져 나가는 다른 배들을 볼 때 태연하게 있기가 쉽지 않습니다.

하지만 우리 각자의 배의 나아갈 목적지에
가장 좋은 코스의 방향으로 가려면

아무 바람이나 타면 안 되겠지요.

어떤 이에게는 남서풍,
어떤 이는 북풍, 또 어떤 이는 동풍.

다른 배들이 각자 맞는 바람이나,
아니면 일단 아무 바람이나 타고 나가는 것을 보면서.

나도, 당신도, 원하고 바라는 좋은 때에,
우리의 목적지의 방향에 딱 맞는 바람을 타고 출항한다면 더할 나위 없이 좋겠지요.

하지만 그 '때'와 '방향'을 우리가 알 수 없기에 우리는 여전히 준비하고 기다립니다.

또 그렇지만 우리의 배가
우리 지혜와 힘으로만 지어진 것이 아니기 때문에,
우리가 그 모든 것을 설계하고 지은 것이 아니기 때문에,
우리는 그저 배를 아름답게 꾸미고, 튼튼하게끔 보수하며,
배에 싣고 갈, 항해를 위한 귀한 것들을 옮겨 실을 수만 있을 것 같습니다.

정작 바다에 잠긴 배의 밑 부분은 어떻게 생긴 지 모르기 때문에,
어떨 때 멈추고, 어떨 때 추진을 얻는지,
사람의 지식으로 다 알 수가 없습니다.

그래서 출항하지 않은 이 시간,
나에게 꼭 맞는 바람을 기다리며,
좀 더 배를 튼튼하게 하고,
좀 더 돛을 많이, 크게 달며,
다른 표류하는 배에 전해 줄 구호물품을 실으며,
기다리면,
기다리면,
누구보다 더 힘차고 완벽한 출항이 되지 않을까요.

P.S.
나의 배는 닻을 올리고 출항하였을 때,
모두들 좋아 보이는, 나도 타고 싶었던,
남동풍을 타지 못하고

남서풍을 타고 출항하였습니다.

멈춰서 있을 수도 없었고, 생각할 겨를도 없이.

하지만 그 바람을 타고 간 곳에서도 많은 일들로 삶의 감사함을 느꼈고,

1년 후에 다시 바라던 남동풍을 타고 지금 여기에 있고,

또 이제 새로운 바람을 기다리고 있습니다.

또 어디로 갈지 모르겠지요.

오늘도 준비하는 것 밖에 제가 할 수 있는 것이 없겠지요.

모든 나아감과 멈춰섬이 우리의 의지대로 되지 않으니

준비하고 기다리겠습니다. 가장 좋은 바람이 올 '그' 때를.

덧, 고향이 경남 출신으로 공보의 1년 차 때 전남 도서지역에 있다가 2년 차 때 경남으로 도간이동 한 뒤, 3년 차 말 때 고교동창친구의 취직이 되지 않음을 위로하고 싶은 마음에 썼던 편지글입니다.

| 시 |

# 불확정성의 원리

닥터 블로그 (필명)

저명한 과학자 아인슈타인 박사는 그의 노년에
우주의 모든 섭리를 하나의 이론으로 묶는
통일장 이론을 정립시키려고 노력하고 있었다.

그러나 이때,
기성세대의 권위에 도전이라도 하듯
재기 발랄한 젊은 과학자 하이젠베르크는
불확정성의 원리를 내어 놓는다.

결정론과 불확정성의 원리가 대립하는 물리학의 우주에서

惡의 존재 이유에 의문을 품고 있는
젊은 행성의 善한 기도

'지구에서만이라도

사람이 사람을 죽이는 일이 생기지 않게 해 주세요.'

우주의 시간만큼 오래 사신 하느님은

젊은 행성의 짧은 기도를 들어주실까

---

**각주 | 불확정성의 원리**

양자역학적인 입자는 입자로서의 성질과 파동으로서의 성질을 동시에 가지고 있는데 이 이중성을 이해하기 위해 1927년 독일의 물리학자 하이젠베르크(W. K. Heisenberg)가 도입한 양자역학 이론의 하나. 전자의 위치와 운동량은 확률로만 이야기할 수 있다고 설명한다.

| 시 |

# 호접몽

닥터 블로그 (필명)

장자의 호랑나비가 춤을 춘다.

이성을 유혹하는 교교한 몸짓
춤사위를 멋들어지게 풀어낸다.

과감히 드러낸 음부를 드나들며
꿀을 얻어먹으려는 수작.

나비의 춤사위에 장단맞춰
꽃잎들도 유혹의 허벅지를 드러내고

화답하듯 현란해지는 나비의 춤사위

이 꽃에서 저 꽃으로 쉴새 없이
긴 주둥이 넘나든다.

정신을 잃어가는 꽃들을 지켜보던
나무의 숨죽인 탄성과 전율

꿀범벅 춤판이 끝난 호랑나비는
서둘러 다른 꽃을 찾아 날아가고

매몰찬 시선으로 님을 바라보는
바람 사이로 지쳐 떨어지는 꽃잎

장자가 꿈을 꾸다가 놀라 깨어난 듯
새 생명들이 잉태된다.

| 시 |

# 鐘聲에 실려 보내는 기도

닥터 블로그 (필명)

이 종소리가
멀리 퍼져나가,
고통받는 모든 존재들이
고통에서 벗어나게 하여 주소서.

---

鐘聲 ㅣ 종성

| 시 |

# 흔적

라일락 향기 (필명)

길을 걷는다
한참을 가다 무언가 시야에 들어왔다는 생각이 들었다
가만히 고개를 돌려 뒤를 바라본다
자그마한 그리고 거친 돌이 하나 놓여 있었다
돌을 바라보다 나도 모르게 툭 하고 발로 차본다
다음 날도 그 돌은 거기 있었다
발로 차 본다
오늘도 내일도
거칠었던 돌이 다듬어진다
신발에 가루가 묻어났다
조금씩 아주 조금씩
그리고 신발과 돌이 닿을수록 돌은 점점 작아지고
나의 신발은 점점 돌가루로 차올랐다

그러던 어느 날
돌은 나의 눈에서 사라져버렸다
어디로 간 걸까?

항상 이시간이면 지나가는 한 사람이 있었다
어제도 지나갔고 오늘도 지나갔으며 내일도 지나가리라
어느 날이었다
지나가다 다시 돌아와서 바라보았다
몹시 부끄러웠다
나만 바라보고 나만 느끼고 싶었는데 지금 나를 보고 있는 것이었다
한참 바라보다 나를 어루만졌다
그의 손길이 닿는 순간 나의 몸과 마음이 어지럽고 혼란스러웠다
그는 보러왔다
오늘도 내일도
나는 기뻤으며 그를 그리워했다
그럴수록 나의 마음은 점점 작아지고 그로 가득 채워졌다
서서히 나의 몸은 사라지고
결국
그의 마음속에 흔적처럼 남게 되었다

| 시 |

# 초승달

라일락 향기 (필명)

검게 물든 하늘에
밝은 빛 점 하나
바람소리 나뭇잎 소리
그리고
저 멀리 희미하게 들리는 고독의 소리

가만히 문지방에 대고 눈을 감는다

톡 톡 톡

혹시나 하는 마음에
문틈 사이로 고개 내미니
오롯한 그림자만 나를 보고 있네

하늘 위 저 빛만이
나를 아는 것일까

| 시 |

# 인연

라일락 향기 (필명)

이제 곧 떨어질 나뭇잎처럼
오늘일지 내일일지 모르는
싸늘히 불어온 바람에 흐트러질 운명이
그렇게

이제 곧 접을 마음처럼
이번 약속일지 다음 약속일지 모르는
언젠가 안타까운 눈물이 맺힐 서로의 가슴이
그렇게

안개 낀 산기슭
처마 밑 맺힌 이슬이
무심히 청초하기만 하다

| 시 |

# 마음

라일락 향기 (필명)

누구를 만나고 싶은데
그 누구가 없을 때
느끼는 그 마음

누구를 만나고 싶은데
그 누구를 만날 수 없을 때
느끼는 그 마음

누구를 만나고 싶은데
그 누구가 나를 만나고 싶지 않을 때
느끼는 그 마음

결국

마음 인가?

| 시 |

# 머뭇거리다

라일락 향기 (필명)

길 모퉁이를 지날 때면
머뭇거리다
자전거와 부딪힐 수 있기에

사거리를 지날 때면
머뭇거리다
다른 차와 부딪힐 수 있기에

사람을 만날 때면
머뭇거리다
마음을 내놓을 수 있기에

난

언제나

머뭇거리다

| 시 |

# 하루마다 멋진 날

김상환 (no1namu)

치과의사가 되는 꿈을 꾸었습니다.

그 꿈을 이루고 첫 환자를 진료하던 날.
아직 서투른 의사에게
몸을 맡기신 고마움과 미안함에 많이도 떨렸습니다.
무슨 일이 있어도 최고로 치료해드려야겠다는
책임감에 몸서리쳤던 기억도 납니다.

저는 치과의사입니다.
세상 물정 모르고 거만했던 청년시절도 지나가고,
불혹(不惑)을 지나고 있는 지금
처음 진료했던 그 고마운 환자 분을 떠올려봅니다.

천진하게 자라는 제 아이를 위하여도 항상 겸손 하려 합니다.

저는 치과의사가 천직인 듯합니다.
선진기술을 배우고 익혀
여러분을 진료하는 지금 저는 행복합니다.

하루하루 여러분을 만나,
여러분이 완치하여,
기쁜 모습에 저는 행복하답니다.

여러분들을 매일 만나는 저는 하루마다 멋진 날입니다.

| 시 |

# 빈래희귀(濱來喜歸)

김상환 (no1namu)

찡그리고 왔다가 웃으면서 돌아간다.
병원 입구에 걸려있는 현판입니다.

저희 치과는
오시는 모든 분들이

치아걱정뿐만 아니라
세상의 근심과 걱정
바리바리 싸가지고
찡그리고 오셨다가도
돌아가실 때에는 미소 지을 수 있는
그런 공간이길 희망합니다.

웃음 핀 얼굴에

행복이 깃들듯이

항상 웃음 피어나는

모두의 웃음지킴이가 되겠습니다.

---

**빈래희귀** ㅣ 찡그린 얼굴로 들어와 웃으면서 돌아간다.

# 어린이와 성인의 음악교육

심배림 (전주시립국악단)

피아노와 바이올린을 배웠다는 두 아이가 나를 찾아왔다. 초등학교 5년 동안 피아노를 배운 성현이, 3년 동안 바이올린을 배운 성희였다. 음악 교육을 상담하기 위해 엄마와 함께 찾아온 것이다.

큰 아이 성현이는 어린이 피아노 콩쿠르 수상 경력에 맞게 자신감이 있었다. 그리고 악보를 보고 연주하는 솜씨가 능숙했다. 동생 성희는 악보를 외워서 연주하는 것 같았다. 성희에게 처음 보는 악보를 주고 연주를 부탁했다. 무슨 음악인지 몰라 주저하다 연주를 포기했다.

음악교육은 새로운 세계를 탐구할 수 있는 언어를 배우는 것에서 시작한다. 특정한 악기를 잘 연주하는 것도 중요하지만 악보를 읽을 수 있는 능력이 중요하다. 글을 깨우친 학생이 도서관에서 많은 지식을 얻을 수 있는 것과 같다. 음악교육은 하루아침에 이루어지지 않는다. 짧은 시간에 어떤 큰 성과가 나타나기를 바라기보다 인내심을 가지고 배우고 익혀야 한다. 성희는 제대로 글도 깨우치기 전에 책을 읽고 있는 것과 같았다.

동생과 달리 성현이는 처음 보는 악보도 제대로 연주해 냈다. 하지만 무언가 부족한 점이 느껴졌다. 성현이 어머니도 그것이 궁금하다고 했다. 나는 베토벤 5번 교향곡 '운명' 중 2악장을 들려주었다. 성현이와 성희 그리고 어머니도 어떤 작품인지 알지 못 했다. 다시 1악장을 들려주니 모두 미소를 지었다. 문제점이 발견되는 순간이다.

악기를 다루기 위해서는 기능적인 훈련이 필요하다. 원하는 소리와 기교를 연습해 악기와 내가 한 몸이 될 수 있게 해야 한다. 하지만 음악이 오선지의 음표를 나열하거나 화려한 기교만으로 이루어지는 것은 아니다. 글을 쓰는 작가들은 많은 책을 통해 언어로 소통하는 방법을 배운다. 두 아이는 이 부분을 놓친 것이다. 다양한 연주자를 통해 많은 곡을 들어 악보의 나열이 아닌 선율의 아름다움과 작곡가의 의도를 파악할 수 있어야 한다.

아무리 음악적 재능이 뛰어나도 교육하지 않으면 발굴할 수 없다. 피아노를 배운다고 자기 연습곡만 듣고 있다면 음악적인 큰 발전을 기대할 수 없다. 다양한 음악을 듣고 잠재되어 있는 재능을 끌어내야 한다. 음악은 인간의 감정을 움직이게 하는 1차적 공간예술이다. 그래서 많이 들어야 한다. 이런 지식은 내가 다루는 악기와 음악에 큰 힘을 실어 줄 수 있다.

현대에 있어 음악은 교육과 교양의 자리를 차지하고 있다. 요즘은 인터넷 덕분에 음악 정보가 넘쳐나고 있다. 이런 정보를 무조건 받아들인다고 좋은 것은 아니다. 그러면 음악은 어떻게 듣는 것이 좋을까?

음악은 편안하게 즐길 수 있는 것과 감상 할 수 있는 것으로 분류 할 수 있다. 지하철, 엘리베이터 또는 커피숍에서 흘러나오는 음악들을 우리는 에어뮤직 또는 엘리베이터 뮤직이라고 부른다. 이런 음악은 듣는 이에게 부담을 주지 않는다. 한편, 악보를 깊이 있게 해석하고 연주자의 능력을 마음껏 표출한 감상용 음악을 예술음악, 순수음악이라고 한다. 두 음악은 서로 다른 용도를 가지고 있다. 대화할 때 들릴 듯 말 듯 기분 좋게 배경이 되어주는 음악을 감상용으로 집중해 듣기에는 무리가 있다. 커피숍에서 유명 연주자의 훌륭하고 강렬한 음악이 흘러나오면 음악에 끌려 대화가 방해될 것이다.

음악을 전문적으로 감상해보고 싶다면 우선 훌륭한 연주자와 오케스트라 그리고 지휘자를 선정해야 한다. 같은 연주곡이라도 다양한 연주자로 음악을 비교 감상하는 것이 중요하다. 관현악곡 같은 경우 지휘자와 오케스트라에 따라 같은 곡이라도 많은 차이점을 느낄 수 있다. 이 말에 동감을 한다면 상당한 수준의 음악 애호가라고 말할 수 있겠다.

음악 감상에서 가장 중요한 것은 반복해서 듣는 것이다. 교향곡 음반을 구입했으면 그 음악이 귓전에 맴돌고 마음으로 다가올 때까지 반복해 들어야 한다. 어느 정도 음악이 익숙해지면 곡에 대한 해석에 자연스레 관심을 갖게 된다. 물론 작곡자와 연주자에 대한 정보도 수집하게 된다.

요즘은 CD나 MP3 등이 등장하여 음악을 수십 곡에서 수백 곡까지 입력하여 들을 수 있다. 예전에는 LP판 또는 레코드판이라는 것이 있었다. 큰 원판을 턴테이블에 올려놓고 작은 바늘이 붙어있는 카트리지를 통해 음악을 감상할 수 있었다. 레코드는 한 장에 교향곡 한 곡이 전부였다. 그것도 용량이 작아 앞면에 1,2악장, 뒷면에 3,4악장만 담을 수 있었다. 감상 중에 판 뒤집는 것이 일이었다. 하지만 이것은 매우 중요하다. 음악을 듣고 판을 뒤집으며 음악의 제목과 악장, 작곡가와 연주자까지 확인하는 학습 효과를 얻을 수 있었기 때문이다. 요즘은 CD 한 장에 많은 곡이 수록되어 어떤 음악을 듣고 있는지 구분하기도 힘들다. CD 한 장에 두 곡 이상의 작품이 수록되어 있다면 따로 분리 녹음해 반복 감상하는 것도 좋은 공부법이다.

음악 감상에서 이상적인 방법은 현장에서 직접 보고 듣는 것이다. 공연장에서 연주뿐 아니라 연주자와 악기 그리고 현장의 분위기까지 온몸으로 전달받는 감동은 음원을 통해 듣는 것과는 비교할 수 없이 강렬하다. 이런 기회를 만들기 어려운 상황이라면 영상 매체를 통해 간접 체험하는 것도 좋은 방법이다. 연주자의 악기와 연주모습을 보며 듣는 것은 소리만 감상하는 것과는 분명히 차이가 있다.

어린이나 어른이나 음악교육에 있어서 듣는 것은 중요하다. 듣고 느끼며 즐기는 것이 음악이다. 그것이 어떤 장르이든 문제 되지 않는다. 제대로 음악을 듣기 위해서는 교육과 훈련이 필요하다. 단기간에 수백

장 음반을 듣고 공부하듯 해서는 음악에 대해 이해할 수는 없다. 일상 속에 음악이 존재하게 만들어야 한다. 음악을 싫어하는 사람은 없다. 어떤 분야의 음악이든 자신의 취향에 맞게 듣고 삶의 원동력과 행복감을 느꼈다면 그 이상 좋은 감상은 없다. 여기에 어떤 악기든 하나쯤 연주할 수 있다면 평생 좋은 친구를 곁에 둔 것과 다름없다. 음악을 연주하고 감상 할 수 있다면 이 세상은 아름답고 경이로운 세계임에 틀림없다. 음악은 살아있는 동안 나와 함께하며 세상에서 사라질 때도 함께 할 것이다.

# 덴트포토 스토리

저 자 심수영 외 17명

편집인 심수영
발행인 이성민
발행처 악어미디어

발행일 2013년 3월 31일

등록번호 제 113호
등록일자 2003년 5월 14일

전북 익산시 부송동 1105-9번지 (주)악어미디어
Tel 063)831-8650 Fax 063)831-8652

ISBN 978-89-958132-1-8

ch-dental.co.kr
덴탈채널
덴트포토 공식 추천 구강촬영 악세사리 모음
치과촬영에 필요한 모든것!
사이드 와이더
아프지 않게
어금니까지
촬영할 수 있어요!
진료실에서의 임상사진 촬영
구강촬영용 Starter Kit으로 시작해보세요.
모든 제품 고압멸균소독 가능
구강촬영용 Starter Kit
금속거울 4종 각 1개(소아교합, 성인교합, 설면, 협면),
유리거울 3종 각 1개(성인교합, 협면, 협면S),
사이드와이더(M) 1세트(2ea),사이드와이더(S) 1세트(2ea)
사이드와이더(H) 1세트(4ea), 콘트라스터 1개,
구강촬영용 Basic Kit
금속거울 성인교합 1개,
사이드와이더(M) 1세트 (2ea),
사이드와이더(H) 1세트 (4ea)
구강촬영용 Deluxe Kit
금속거울 2종 각 1개(성인교합, 협면), 콘트라스터 1개
사이드와이더(M) 1세트(2ea), 사이드와이더(S) 1세트
(2ea), 사이드와이더(H) 1세트(4ea)

www.dentphoto.com

덴트포토

# 스토리 원고모집

Dentphoto **STORY** Vol.02

덴트포토 스토리 2권을 준비중입니다. 문학, 인문, 사회, 예술 등 비임상 분야 주제로 글을 발표하는 장입니다. 덴트포토 회원은 누구나 참여가 가능합니다. 채택된 원고는 소정의 원고료와 함께 발간되는 스토리에 실립니다. 많은 관심와 참여 부탁드립니다.

원고모집 표제인 '**경청**'과 **회원투고**로 구성 예정

분야 '**경청**'에 관한 여러가지 생각을 보내주세요.
문학, 인문, 사회, 예술 등 표제와 무관한 투고도 받습니다.
소설, 시, 독후감, 수필, 논설 등 글의 형식과 내용에 제한이 없습니다.

마감 2013년 7월 31일까지

보낼곳 sonbang@gmail.com(덴트포토 운영자 메일)

[덴탈채널] 덴트포토